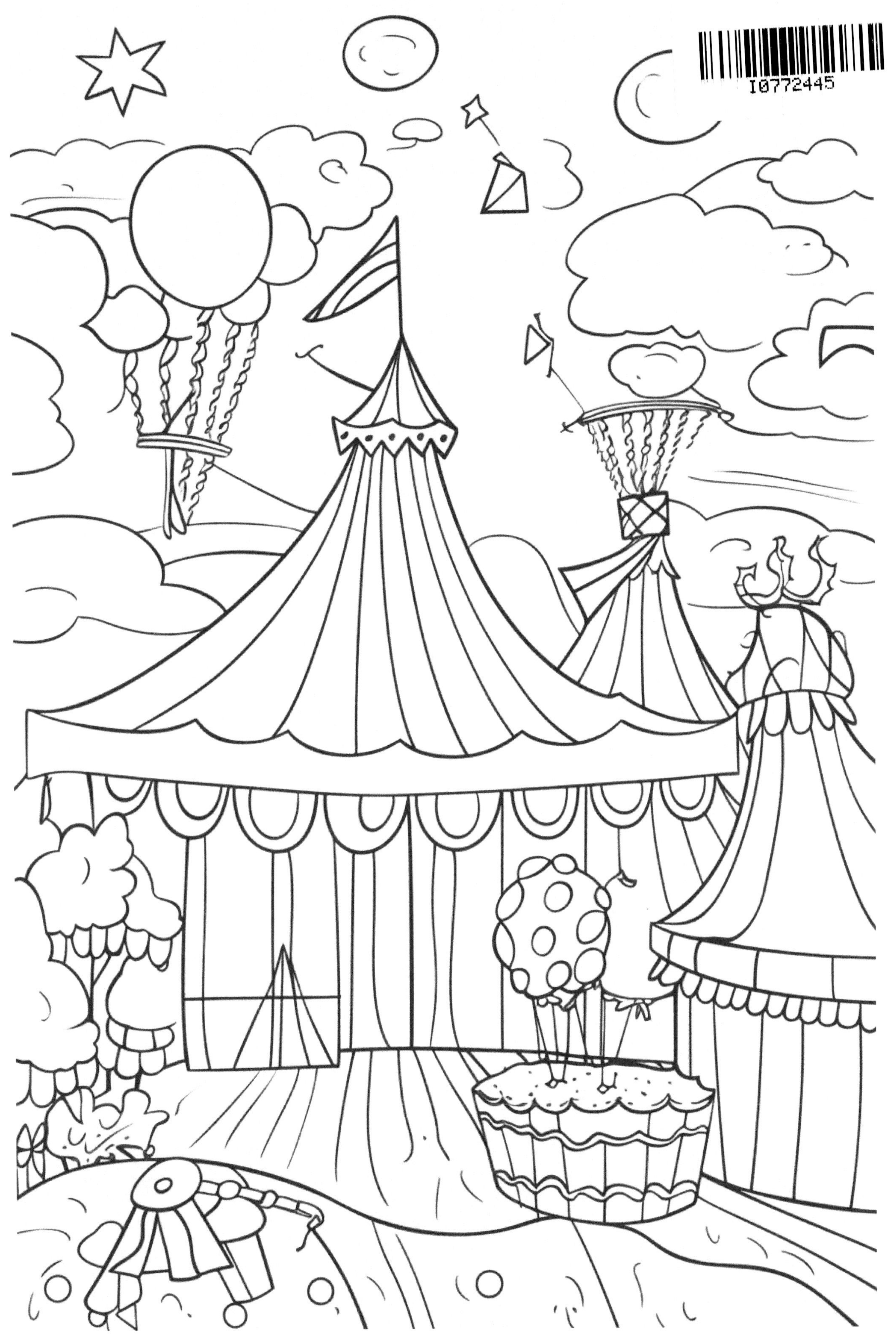

I0772445

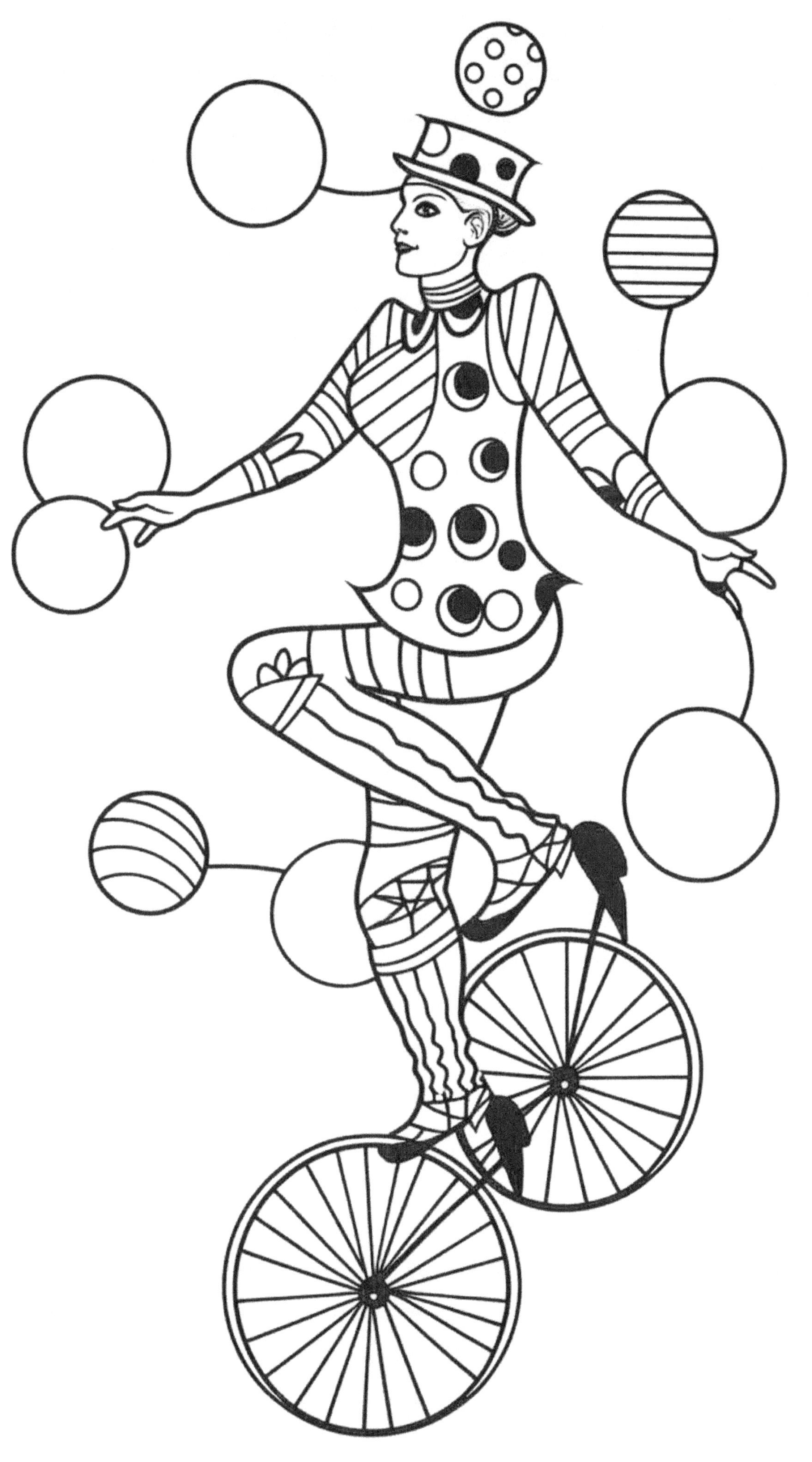

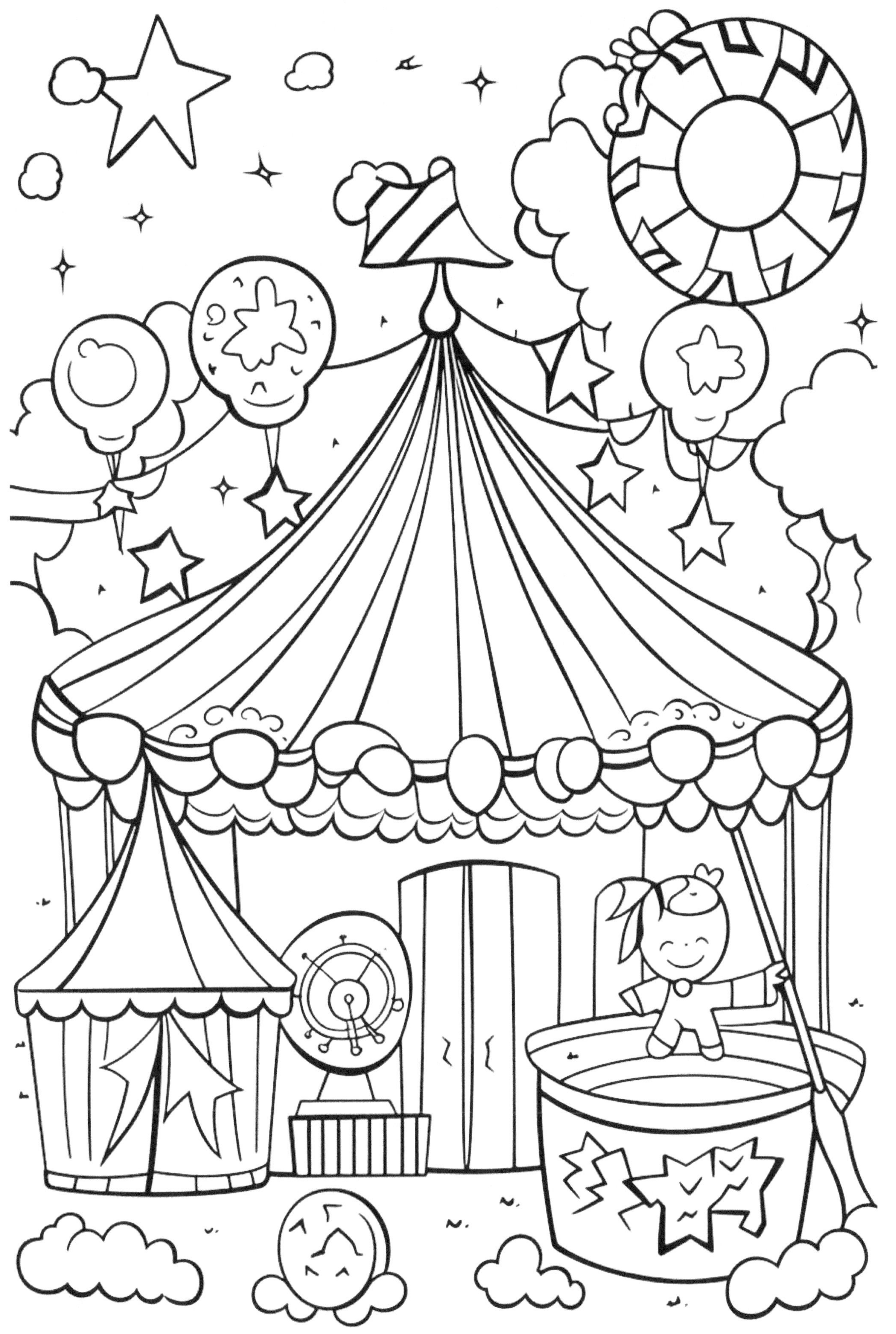

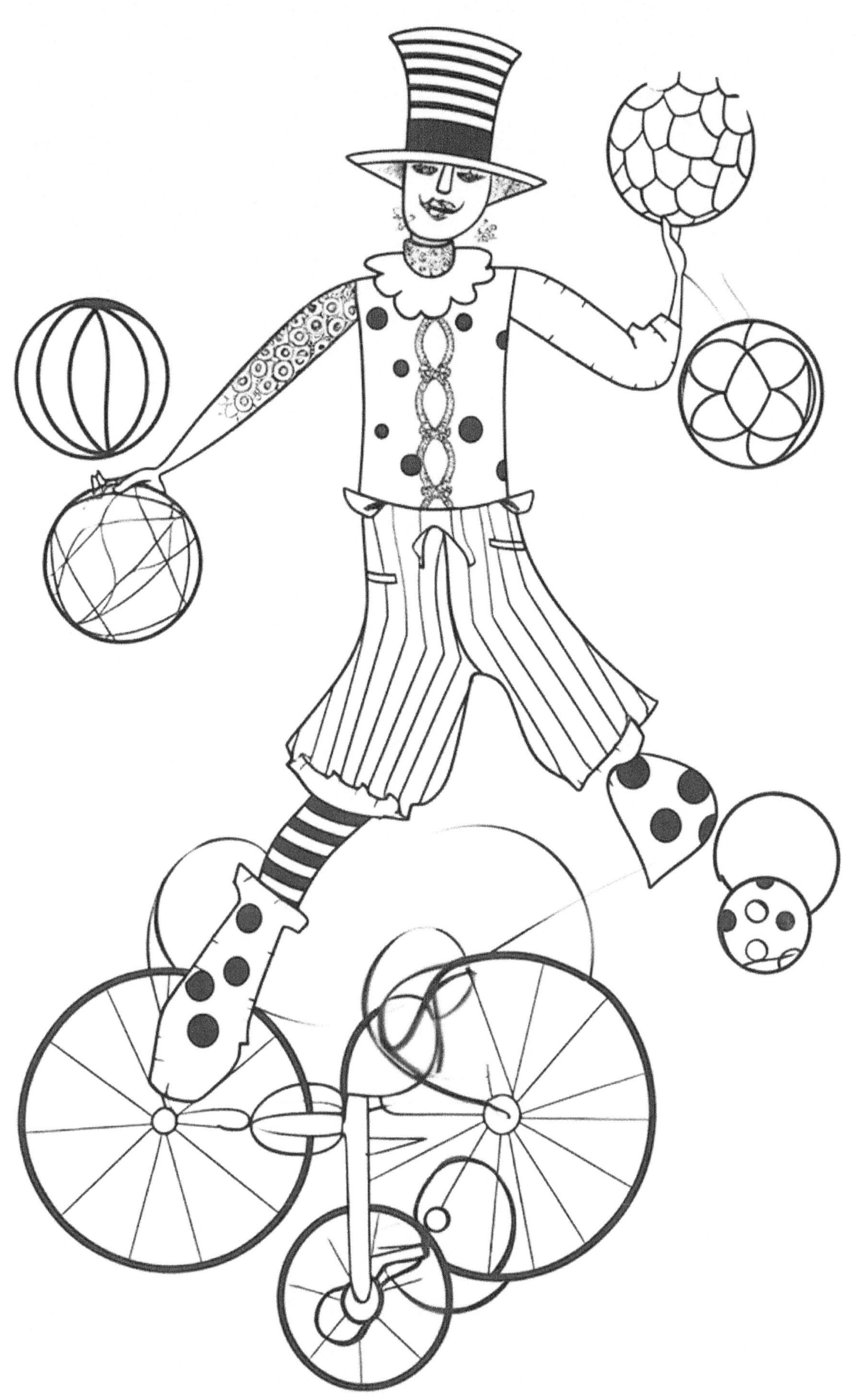

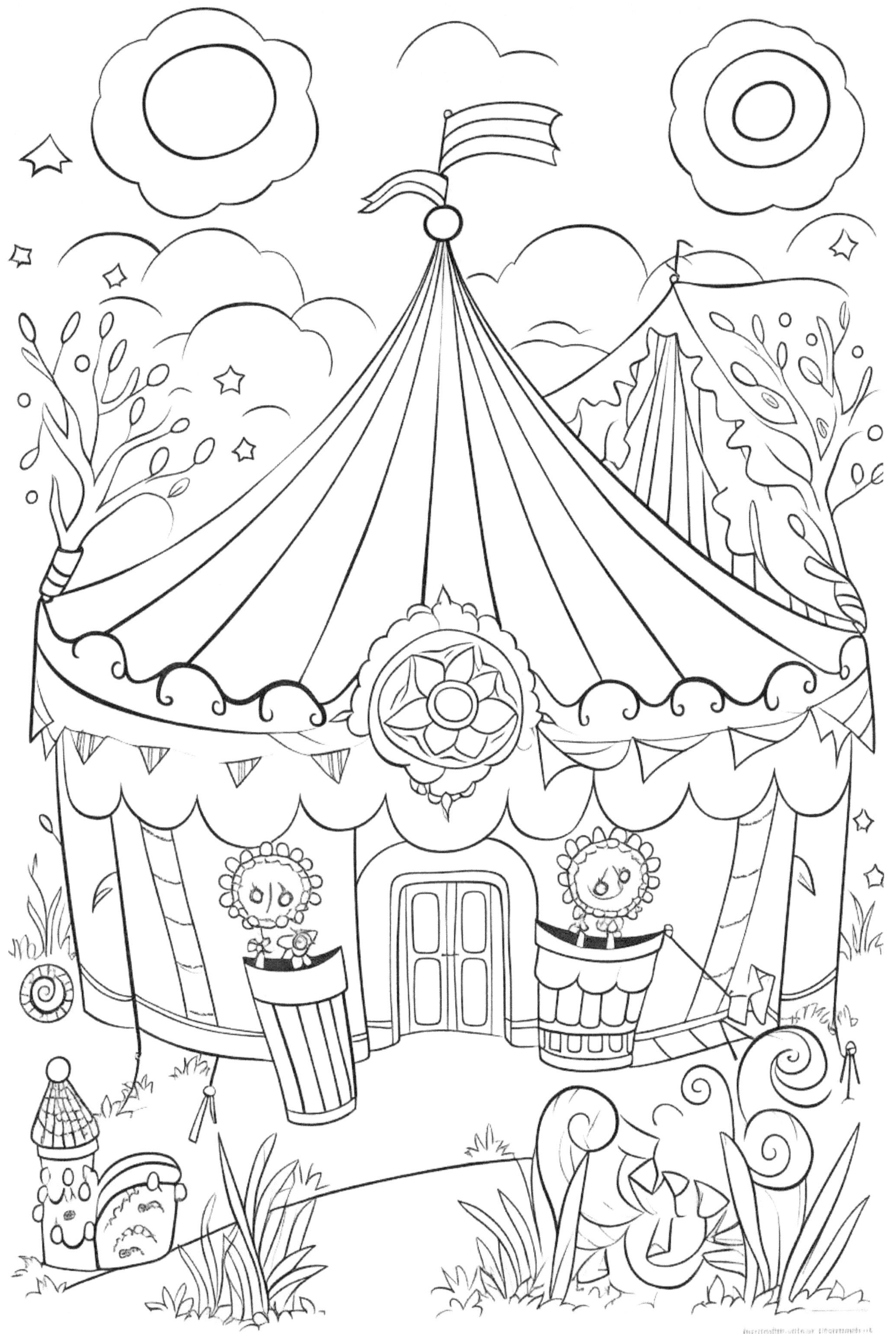

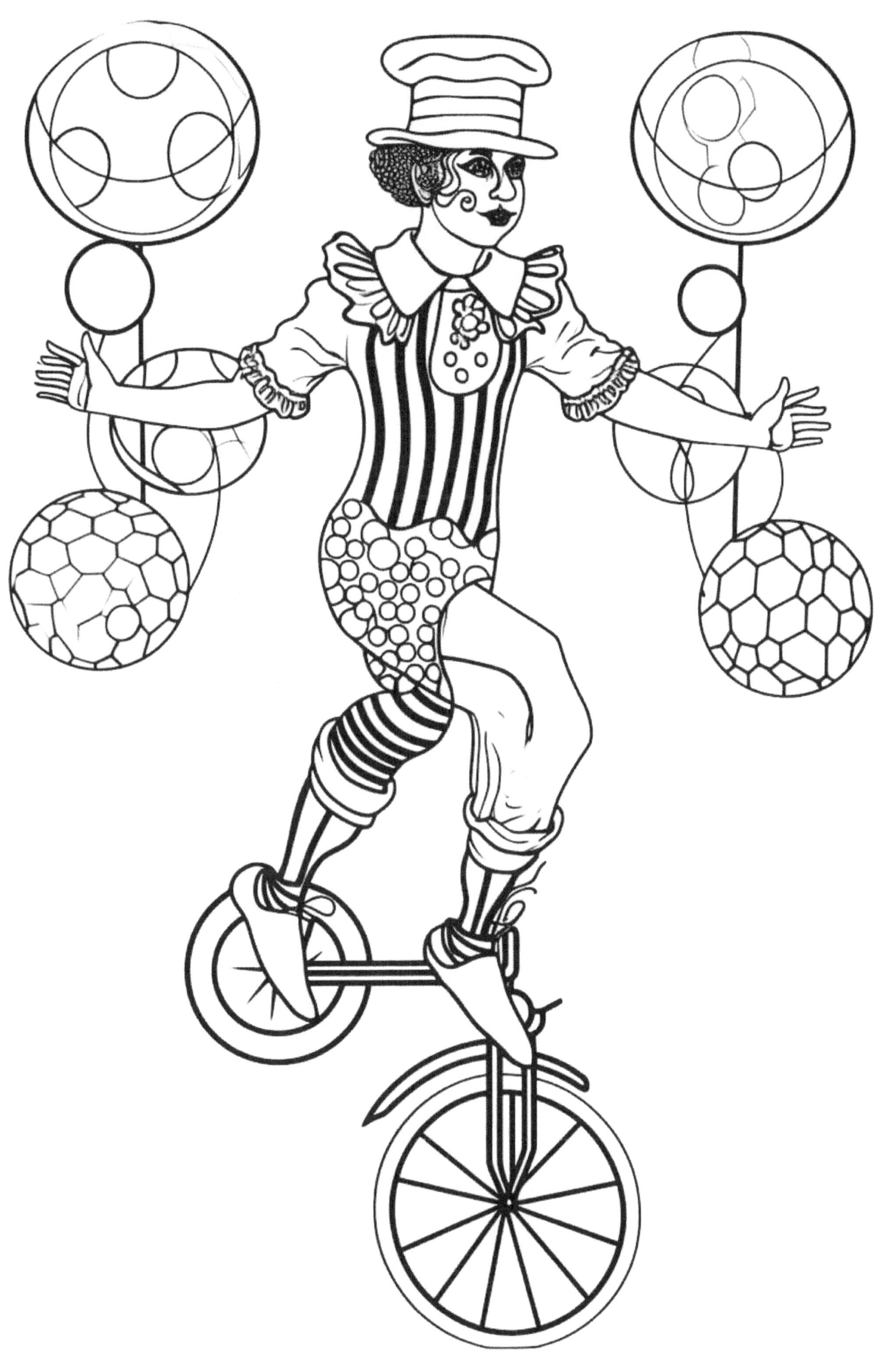

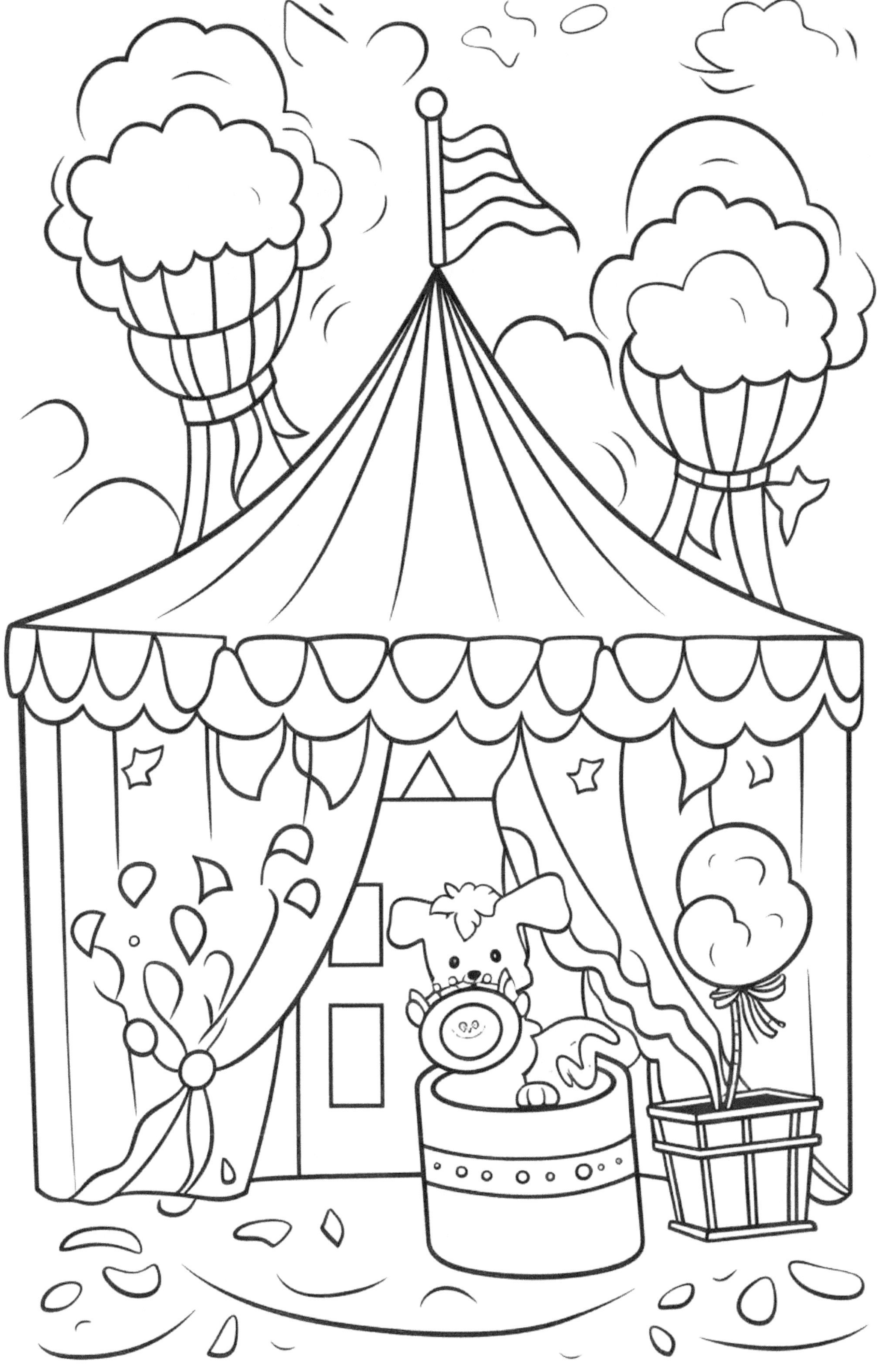

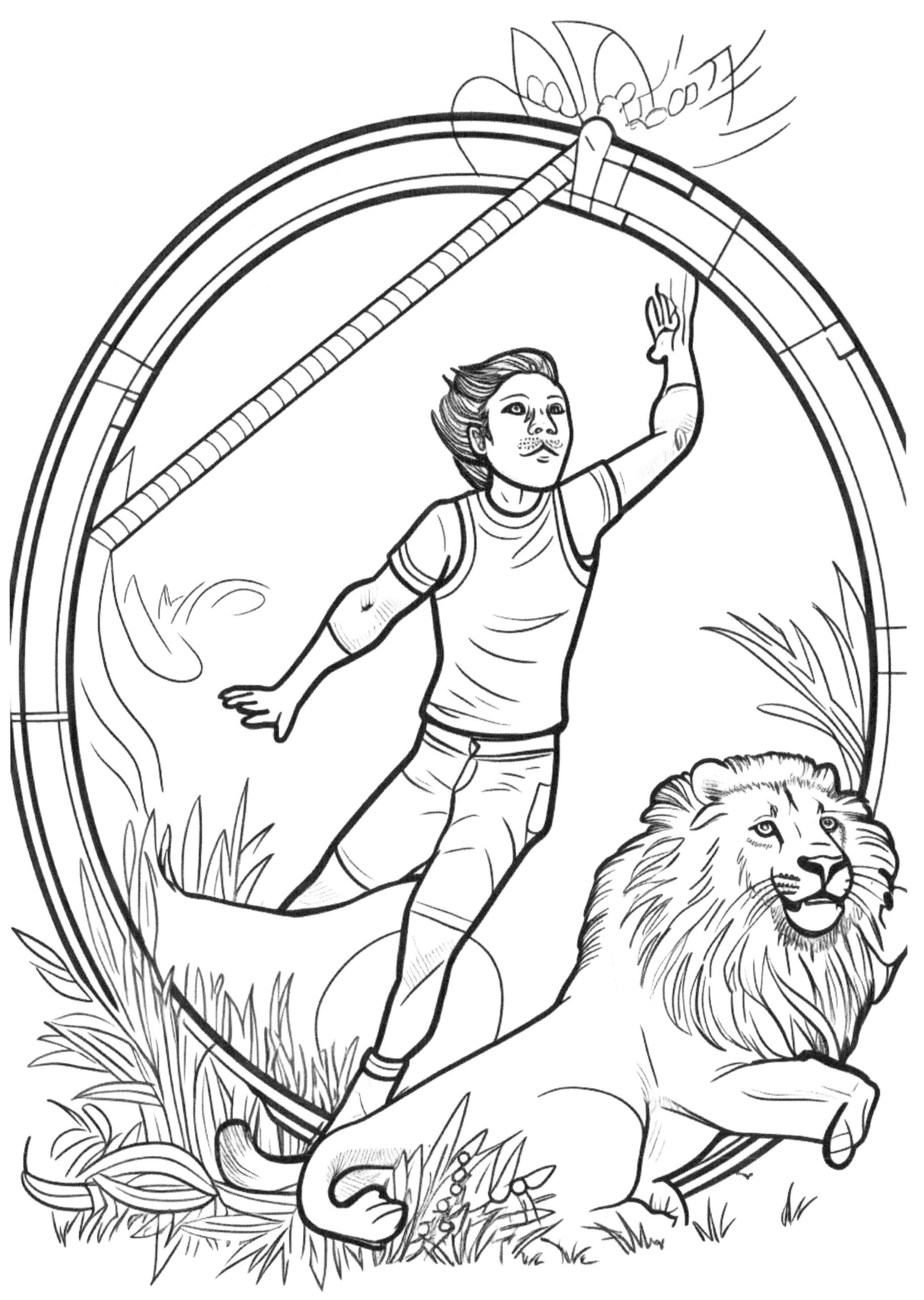

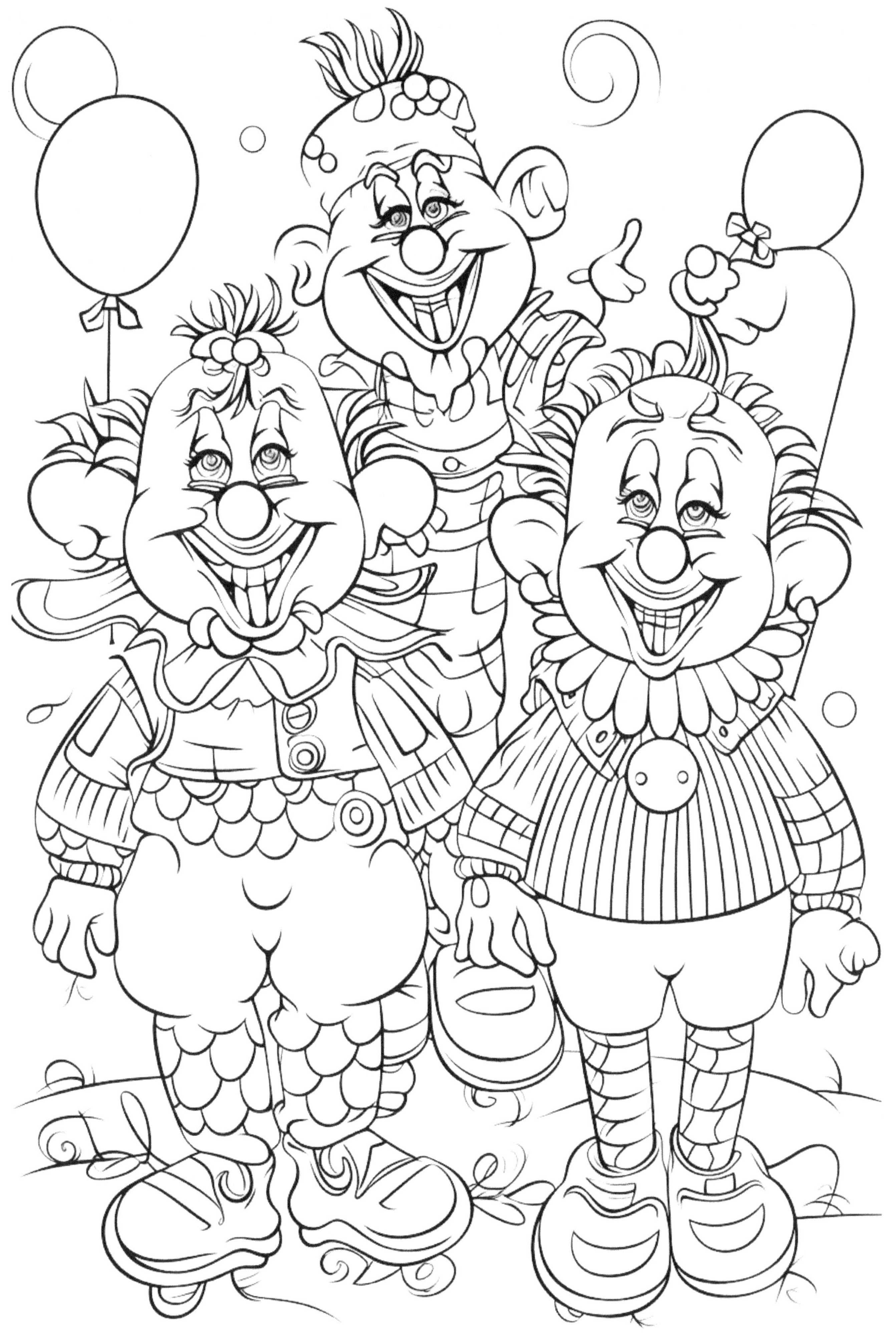

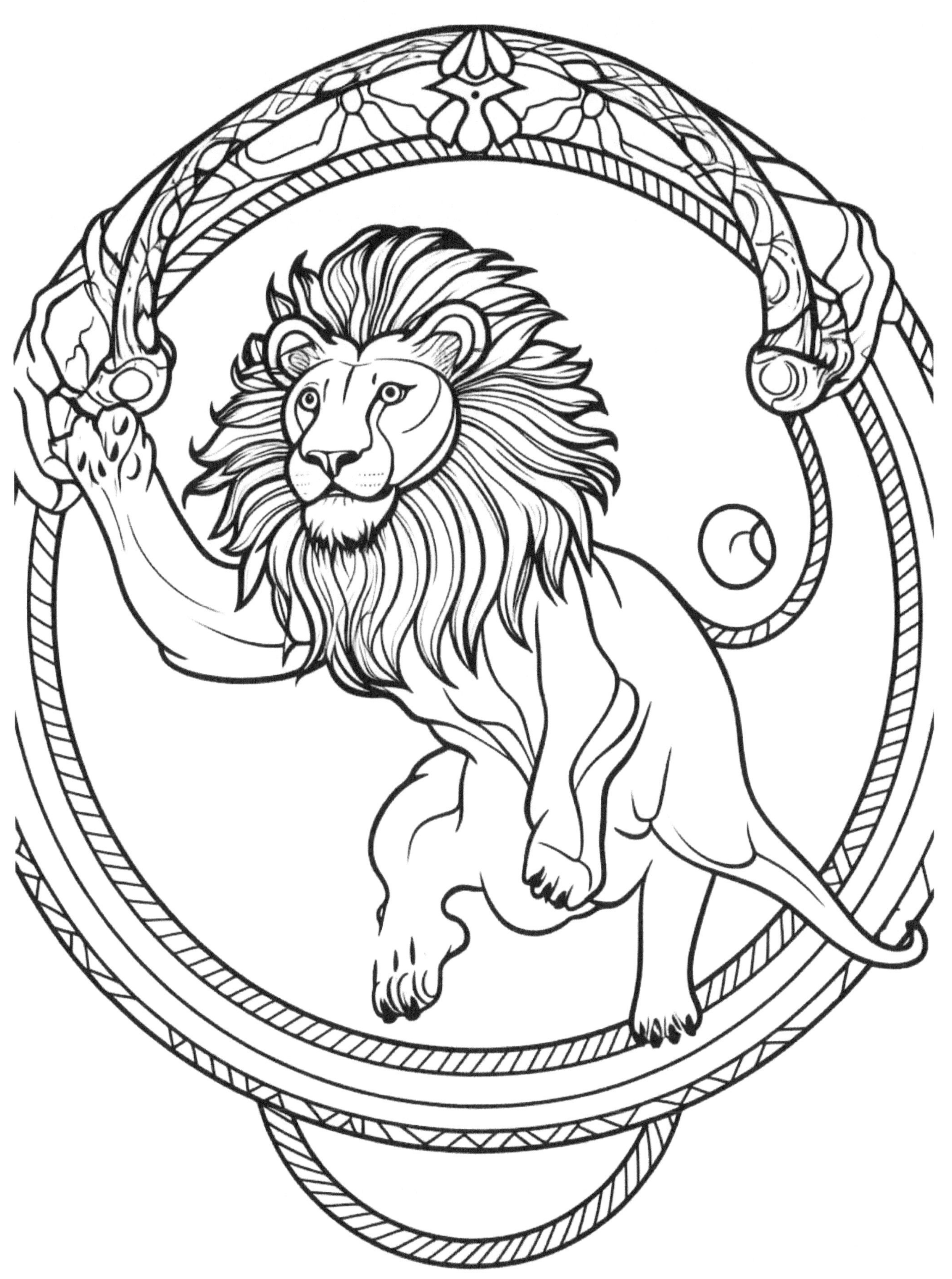

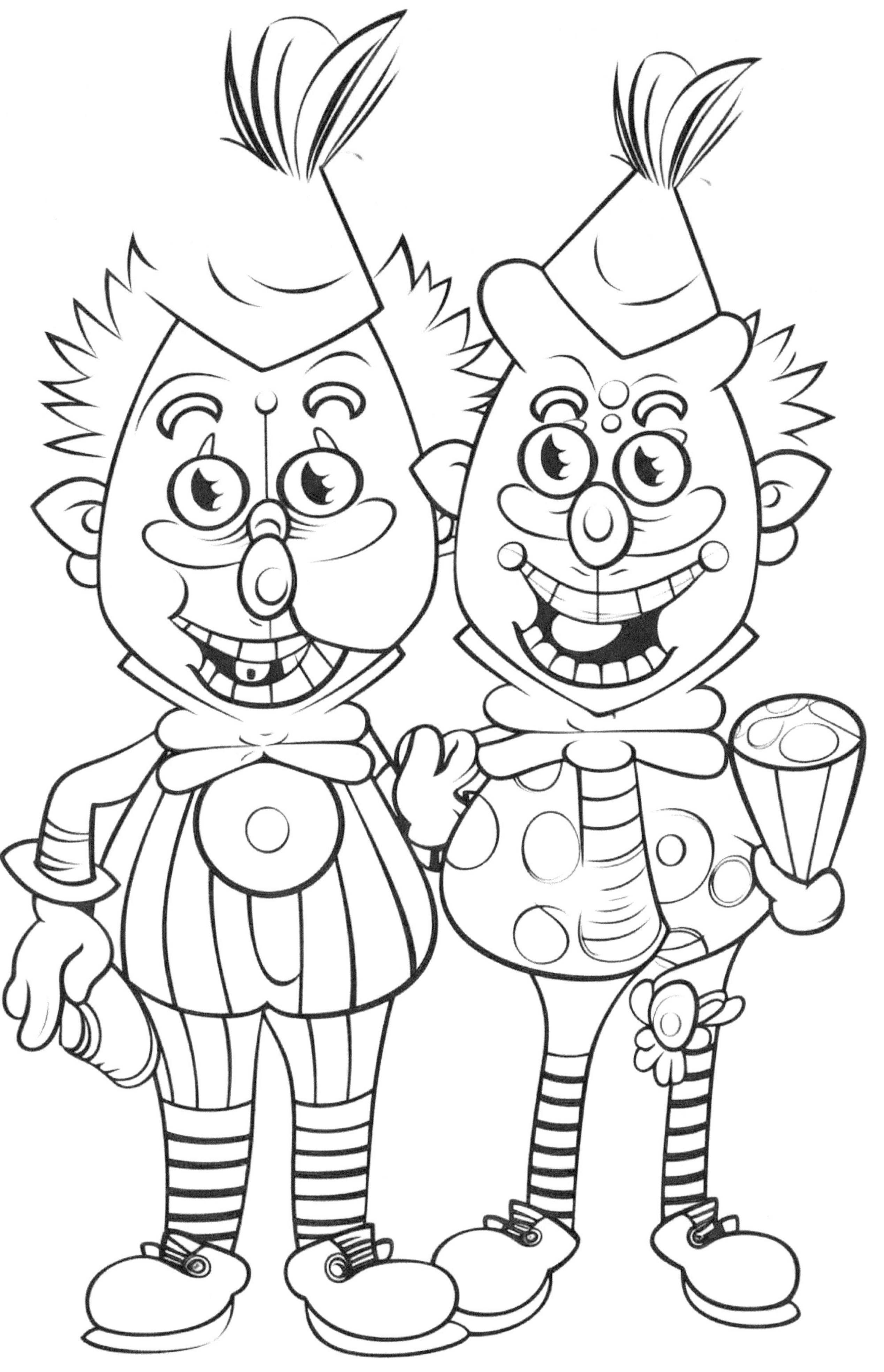

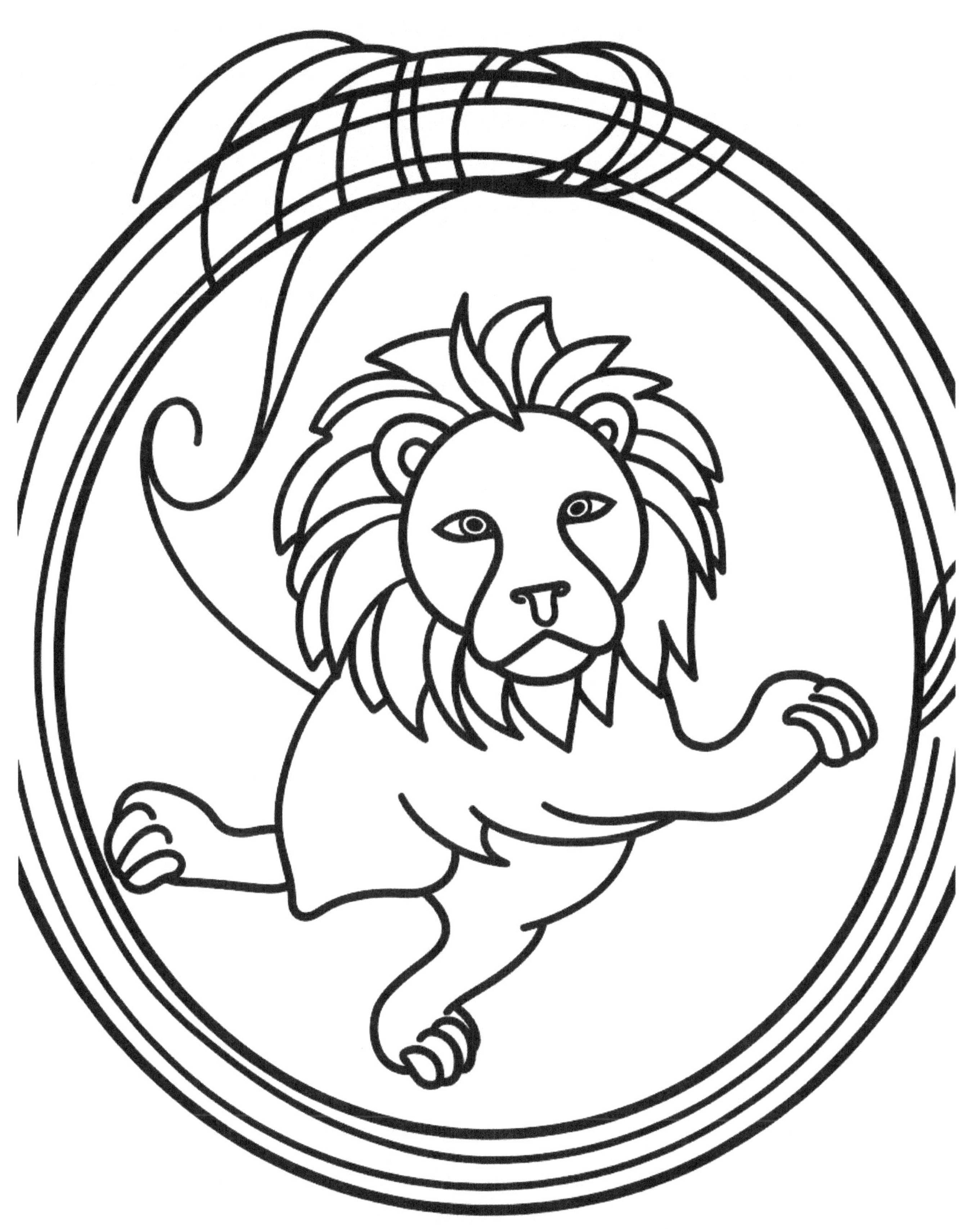

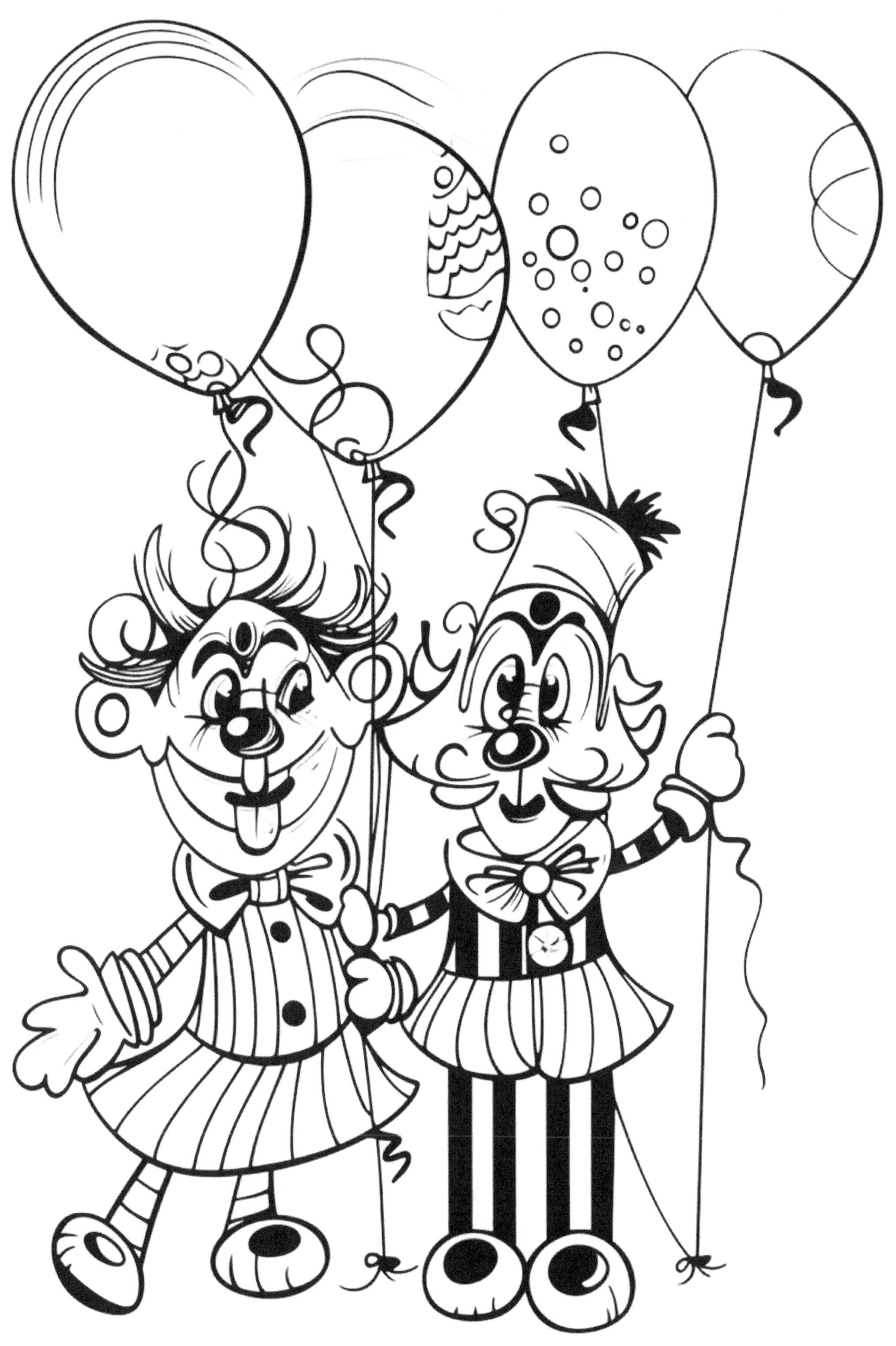

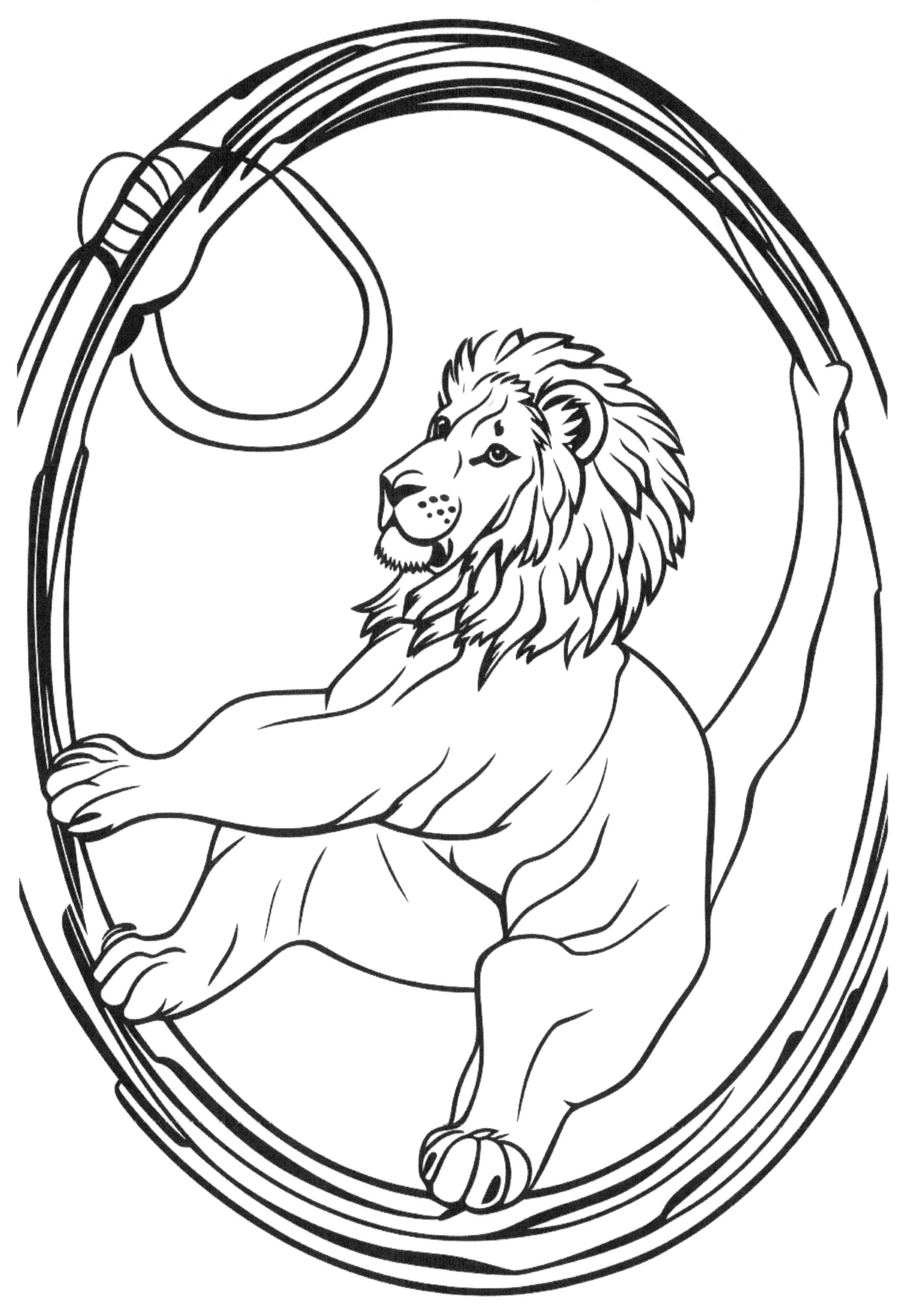

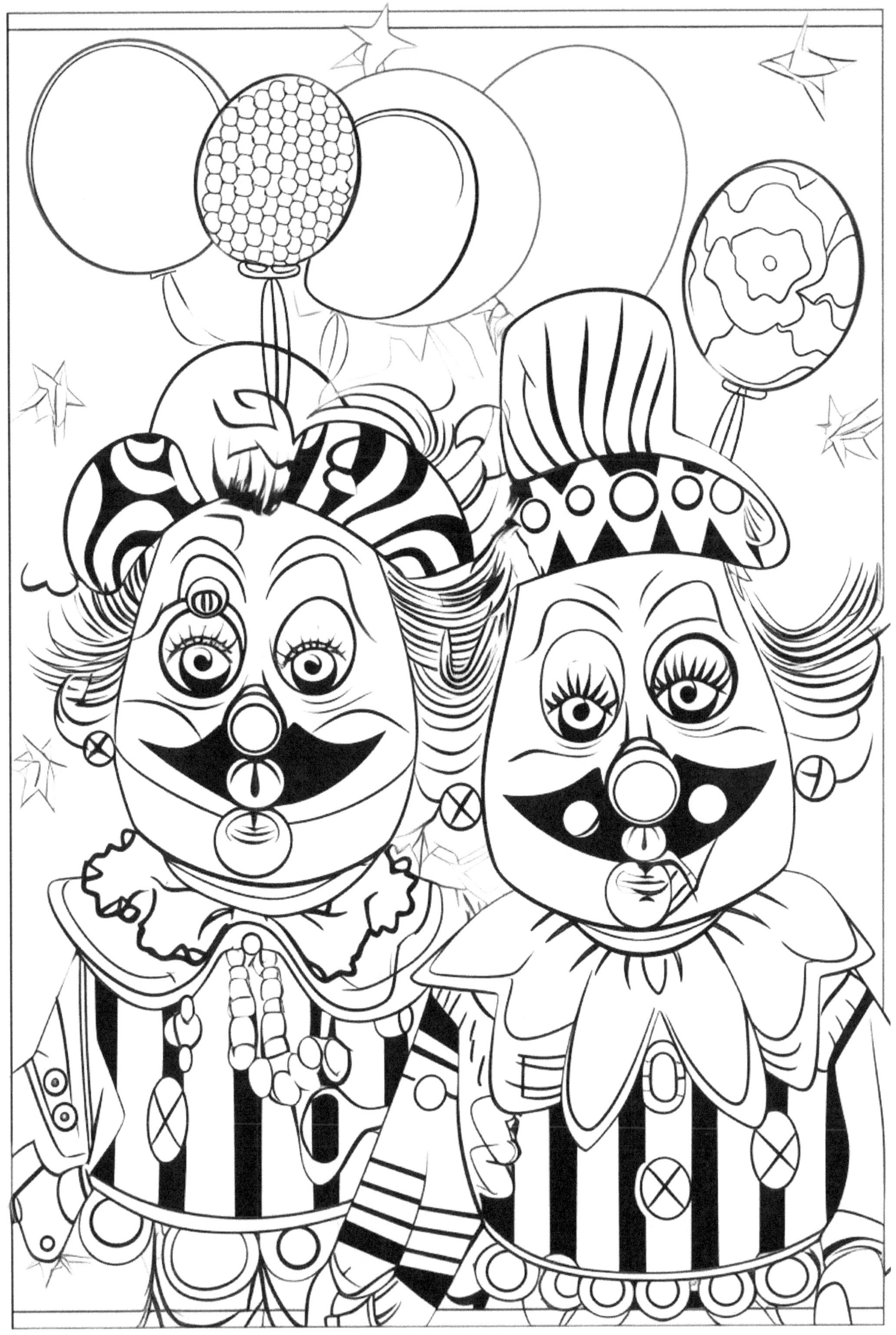

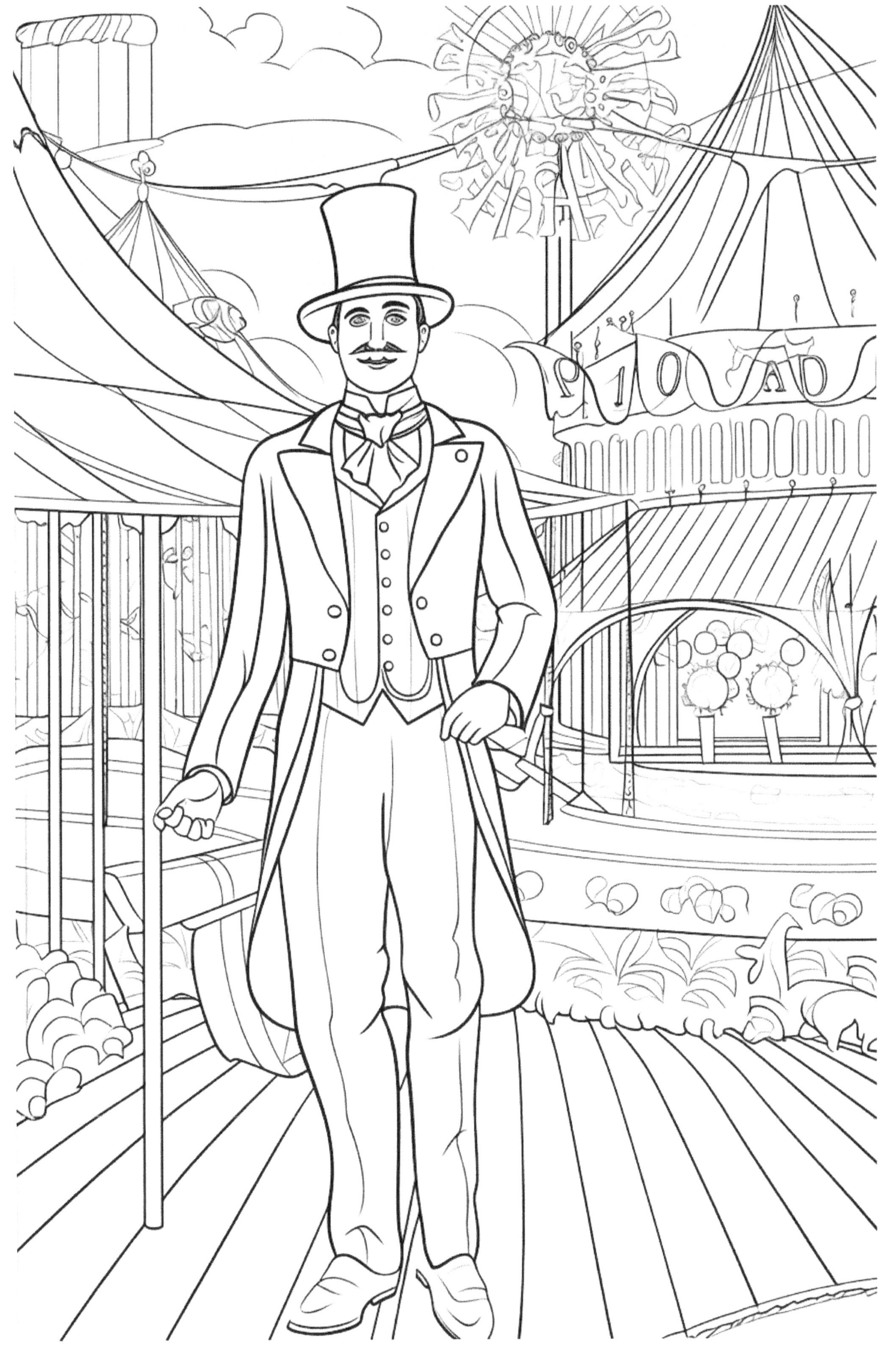

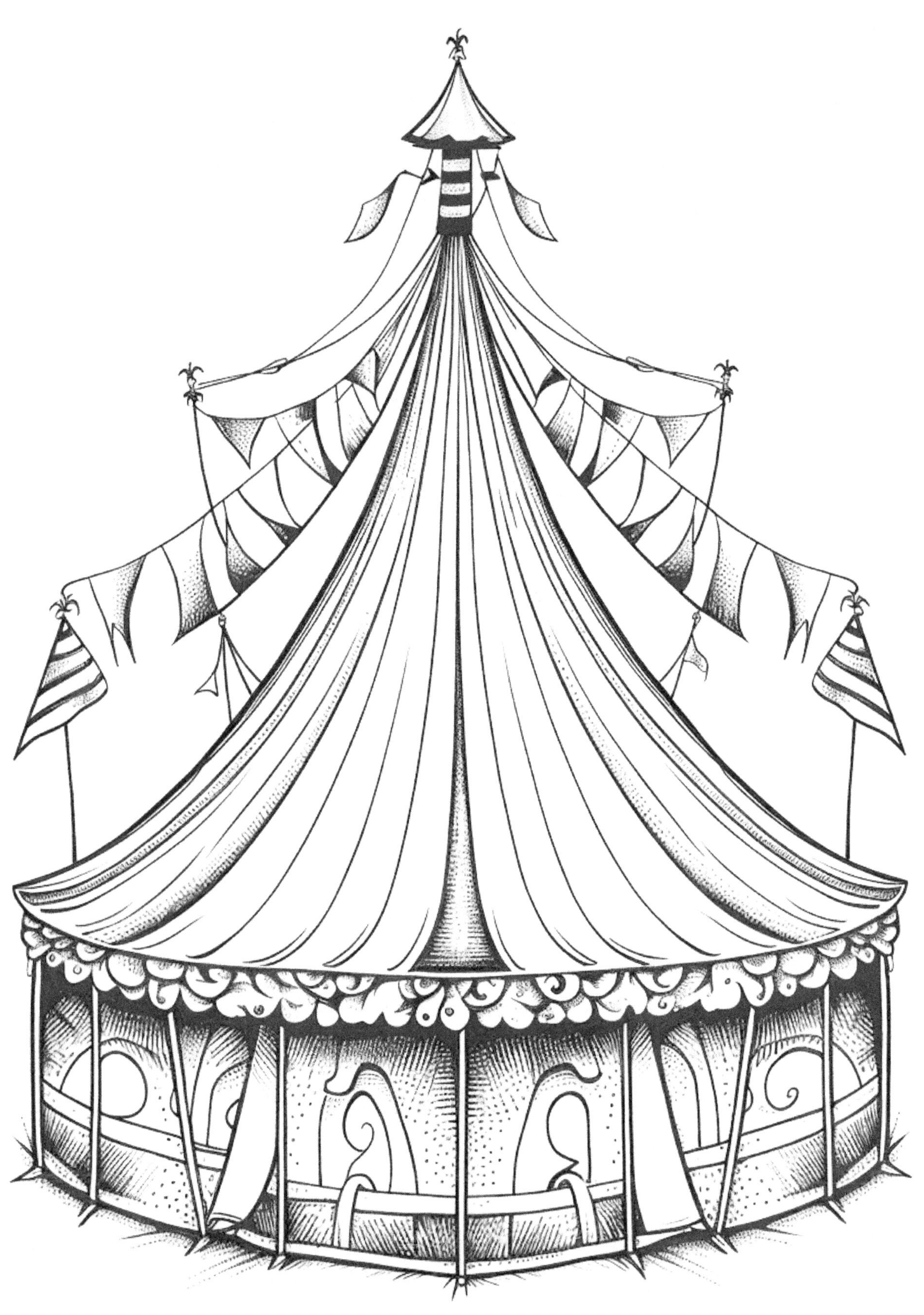

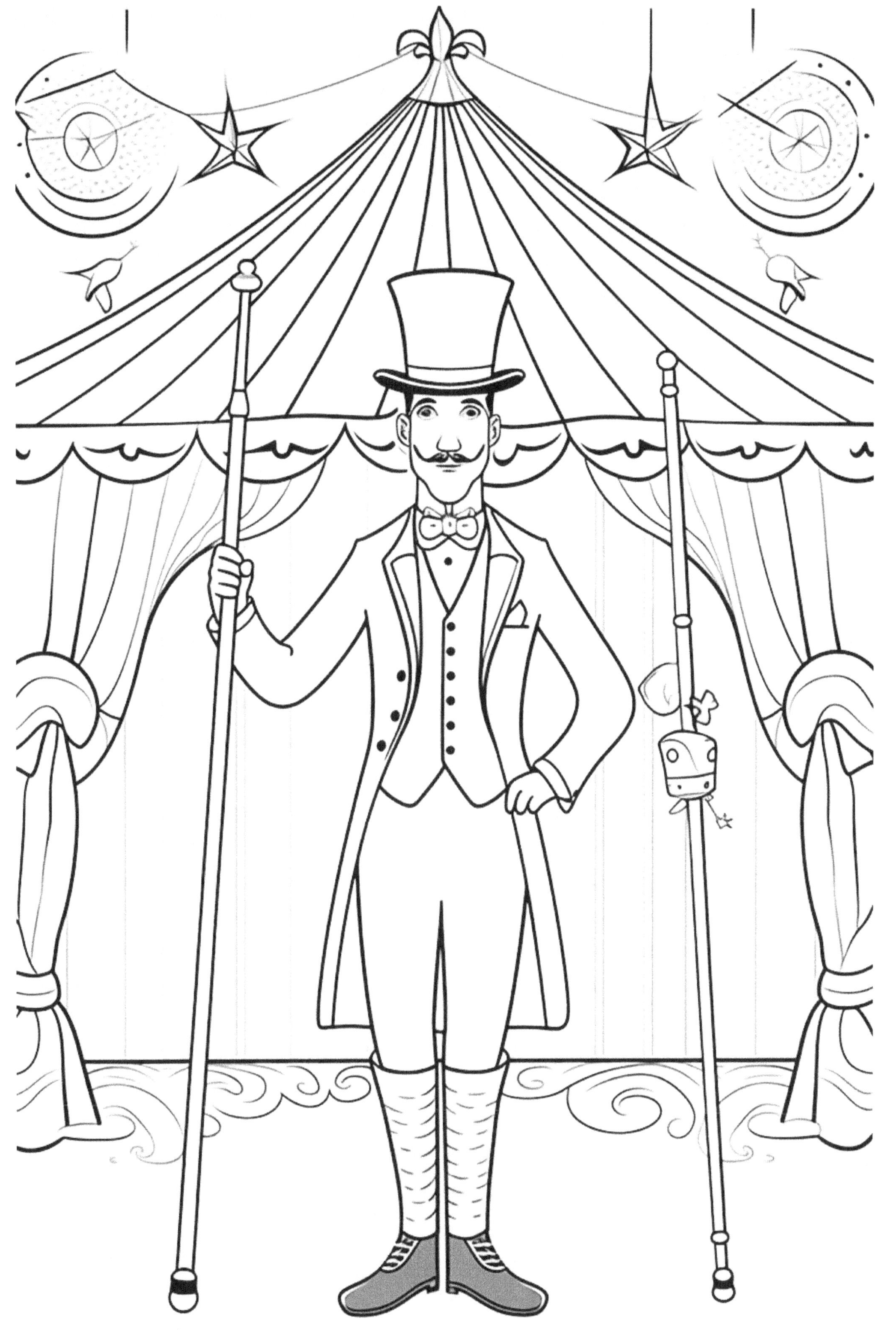

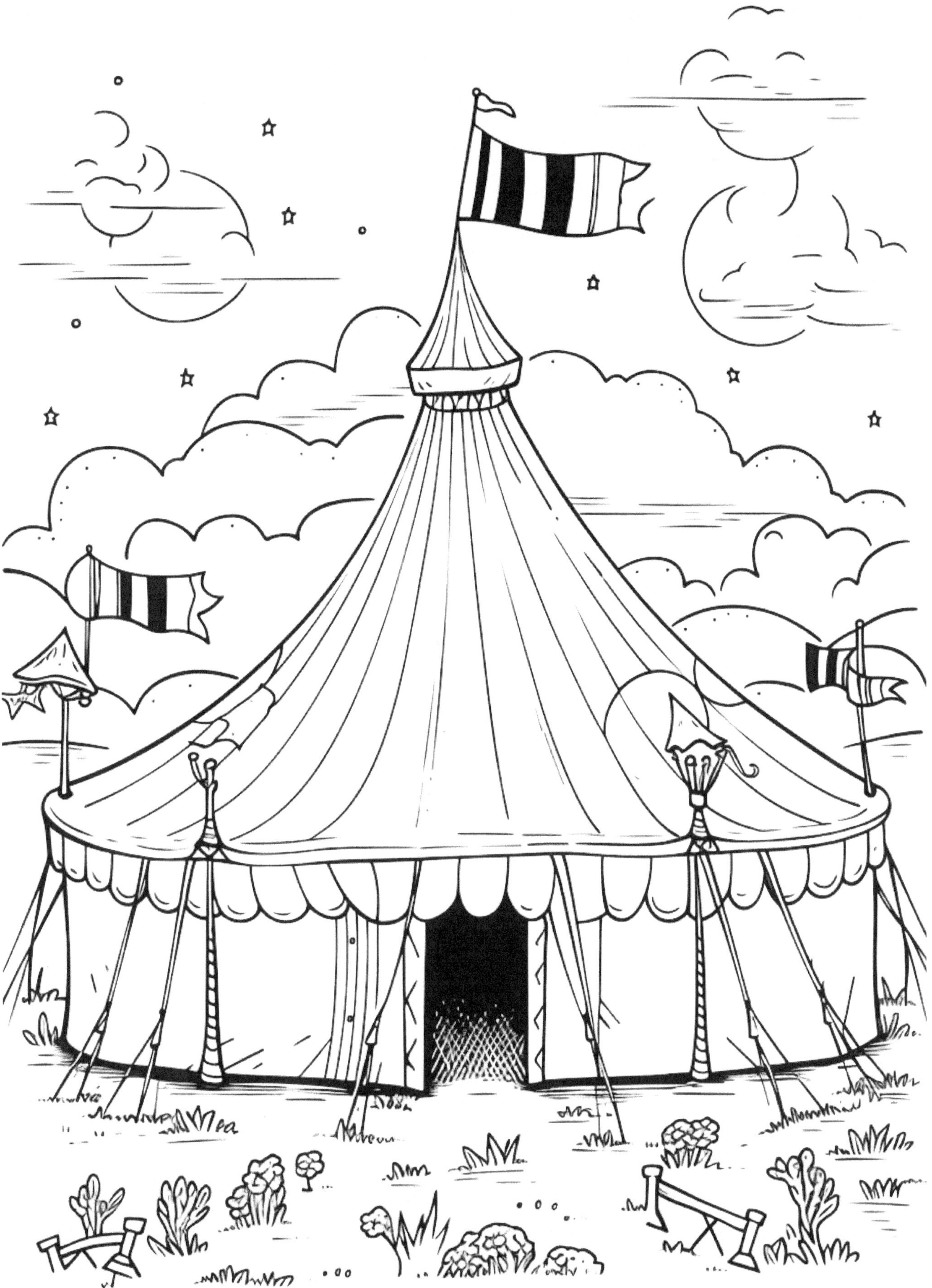

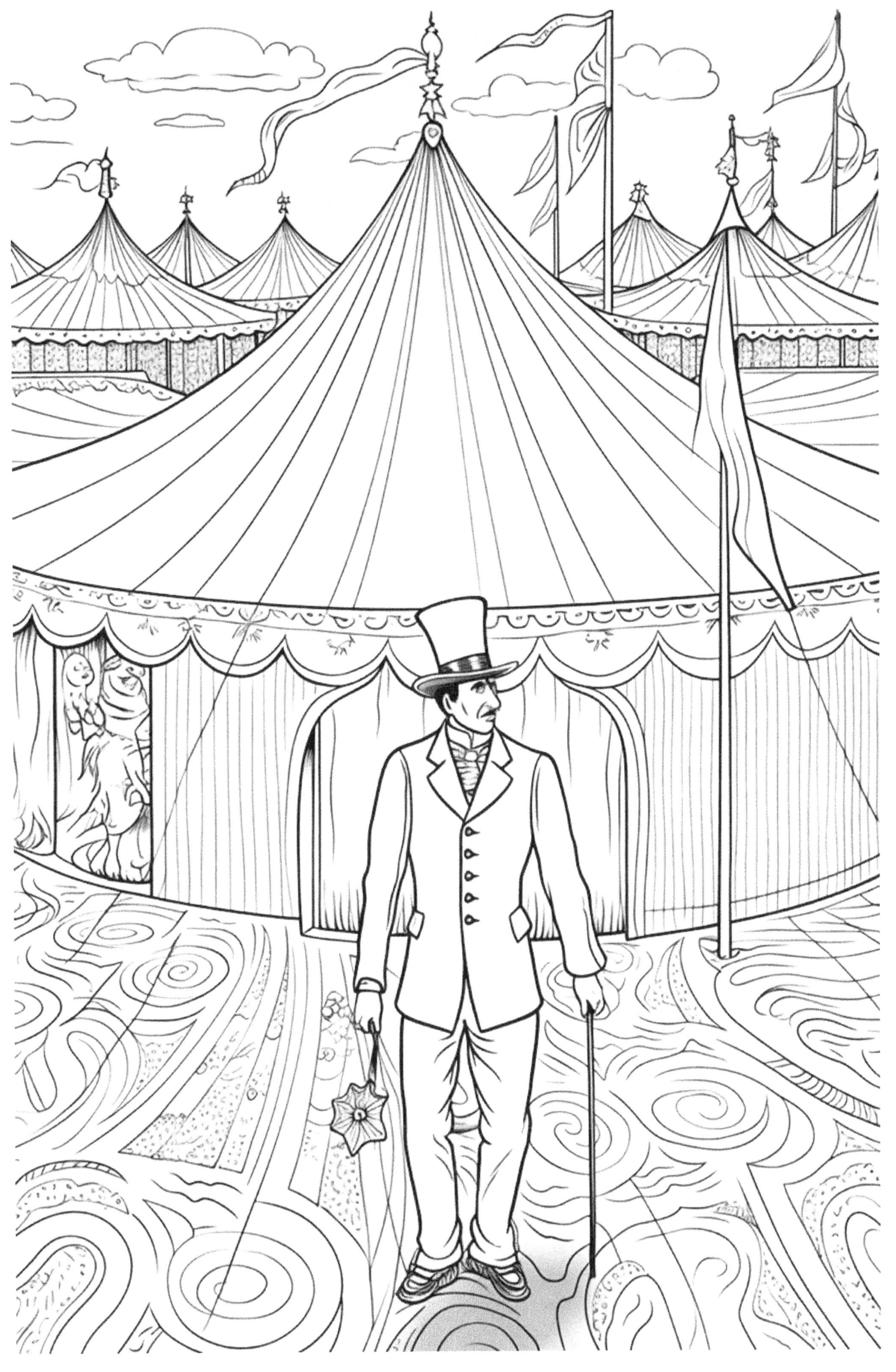

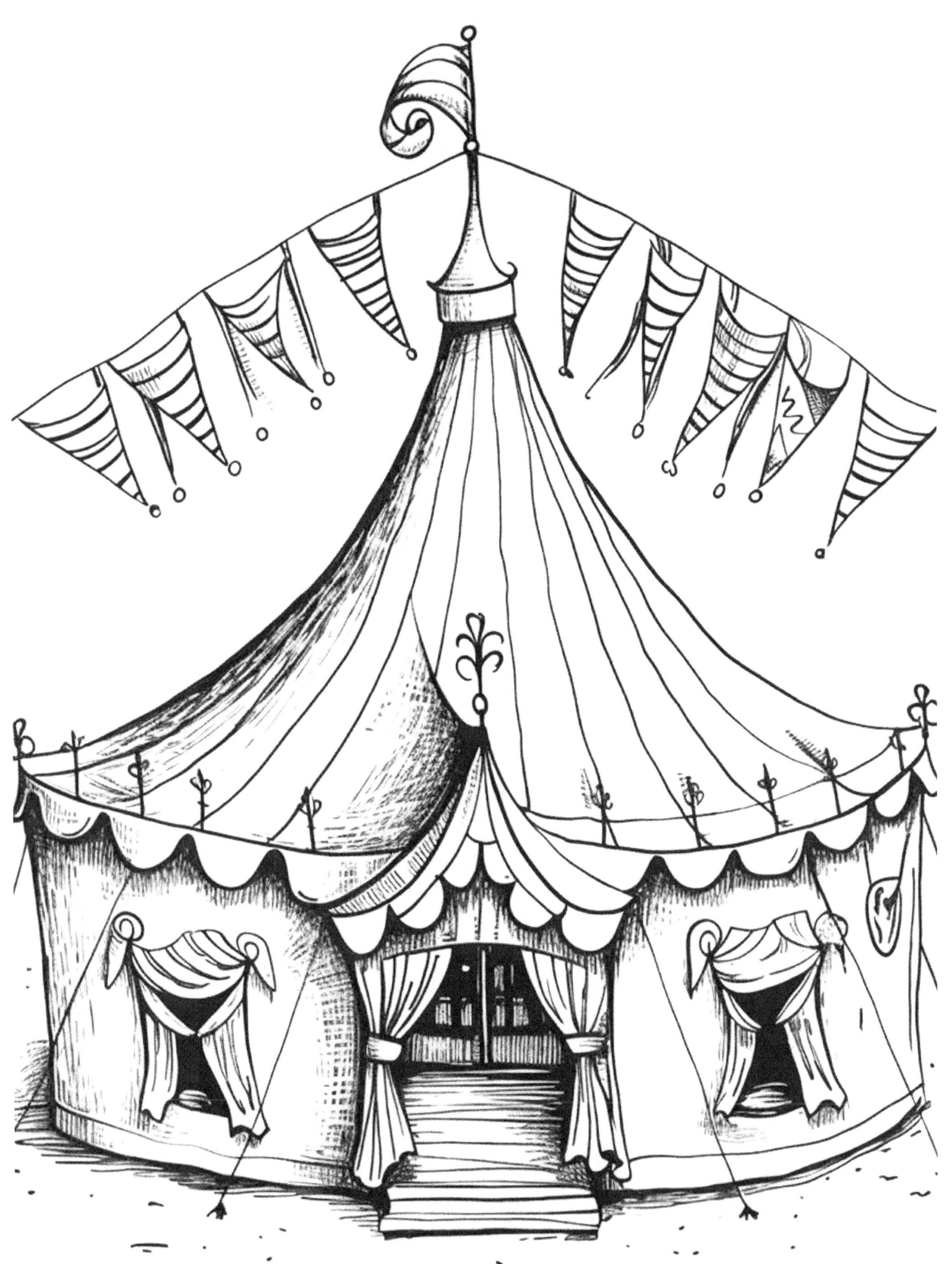

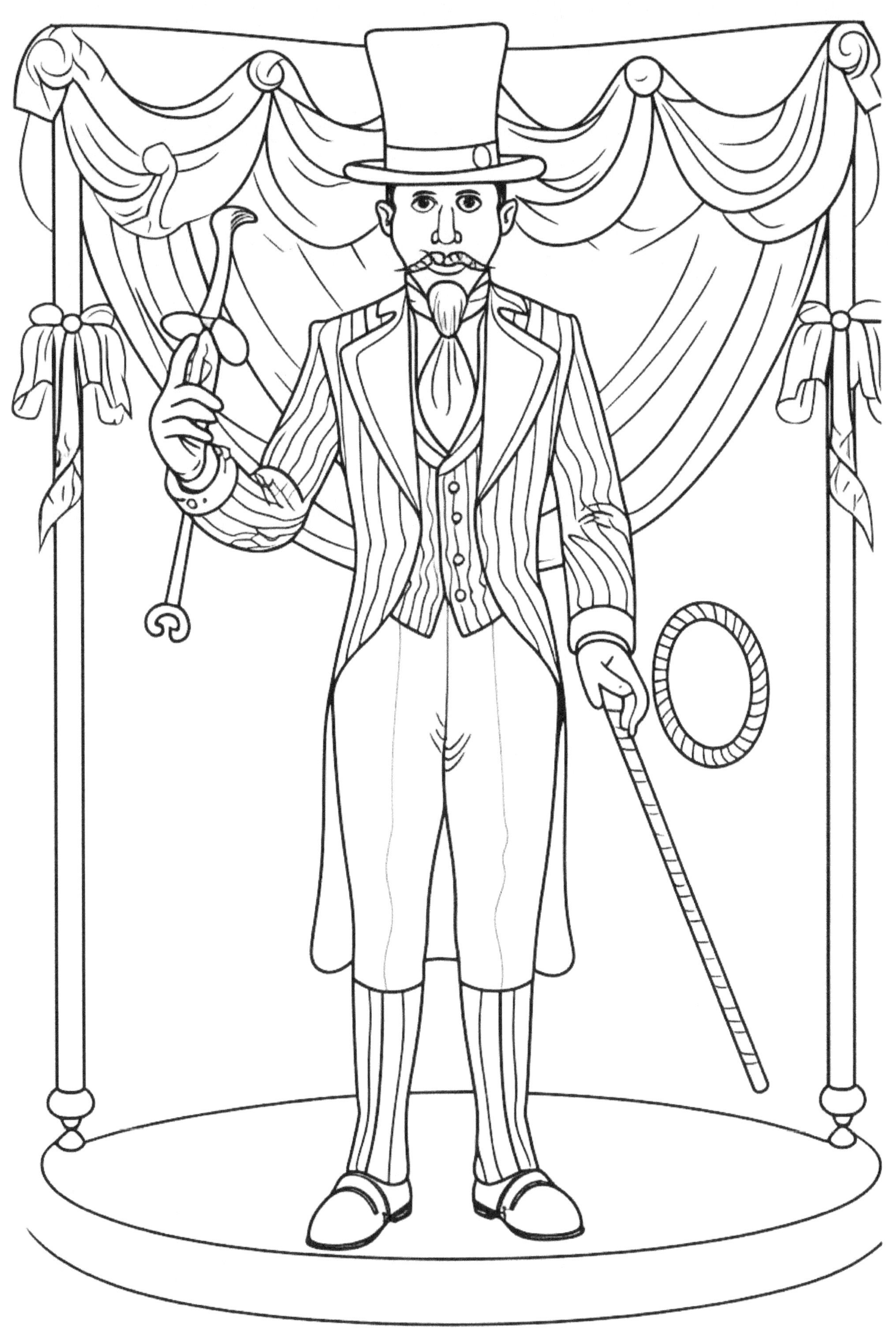

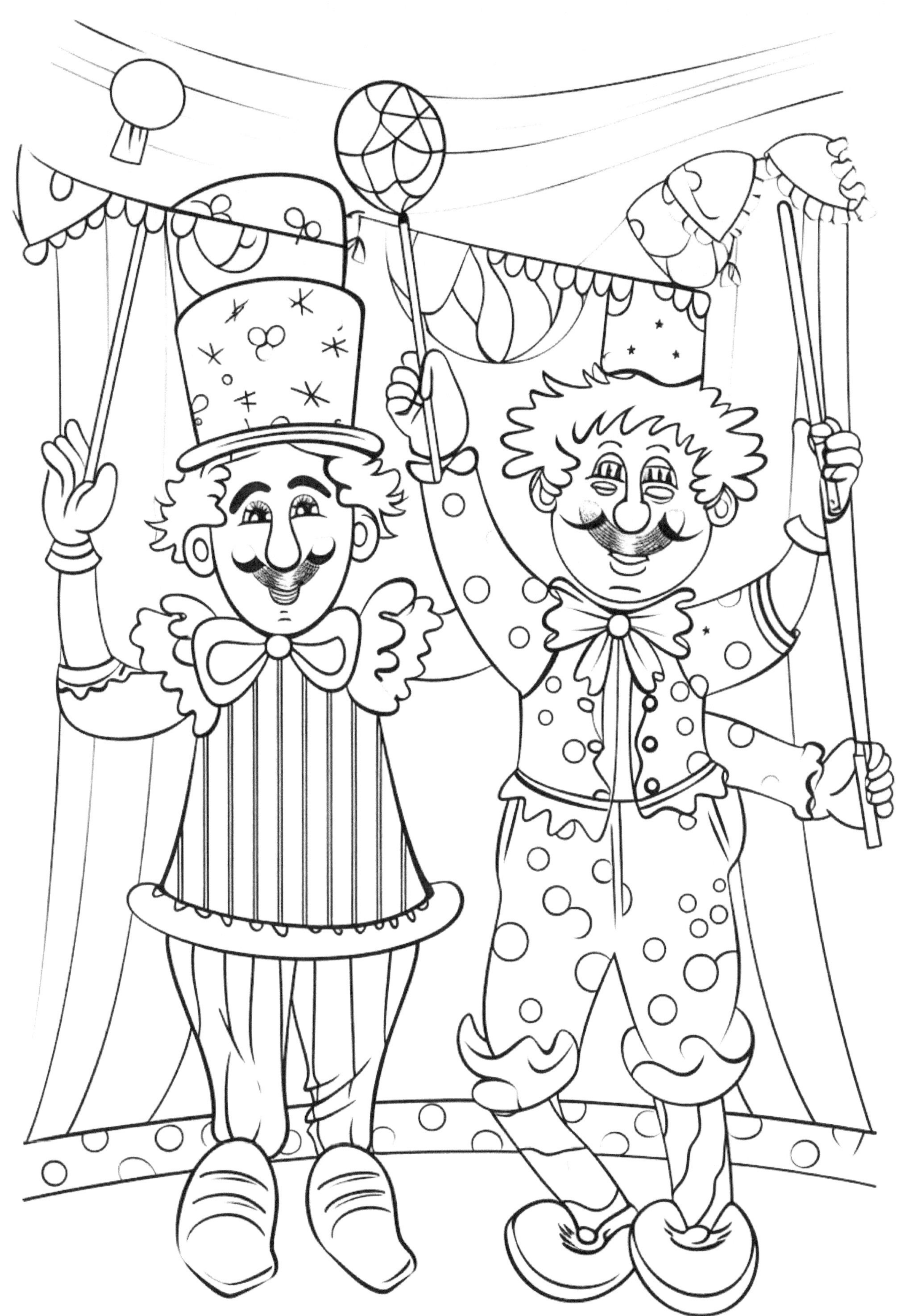

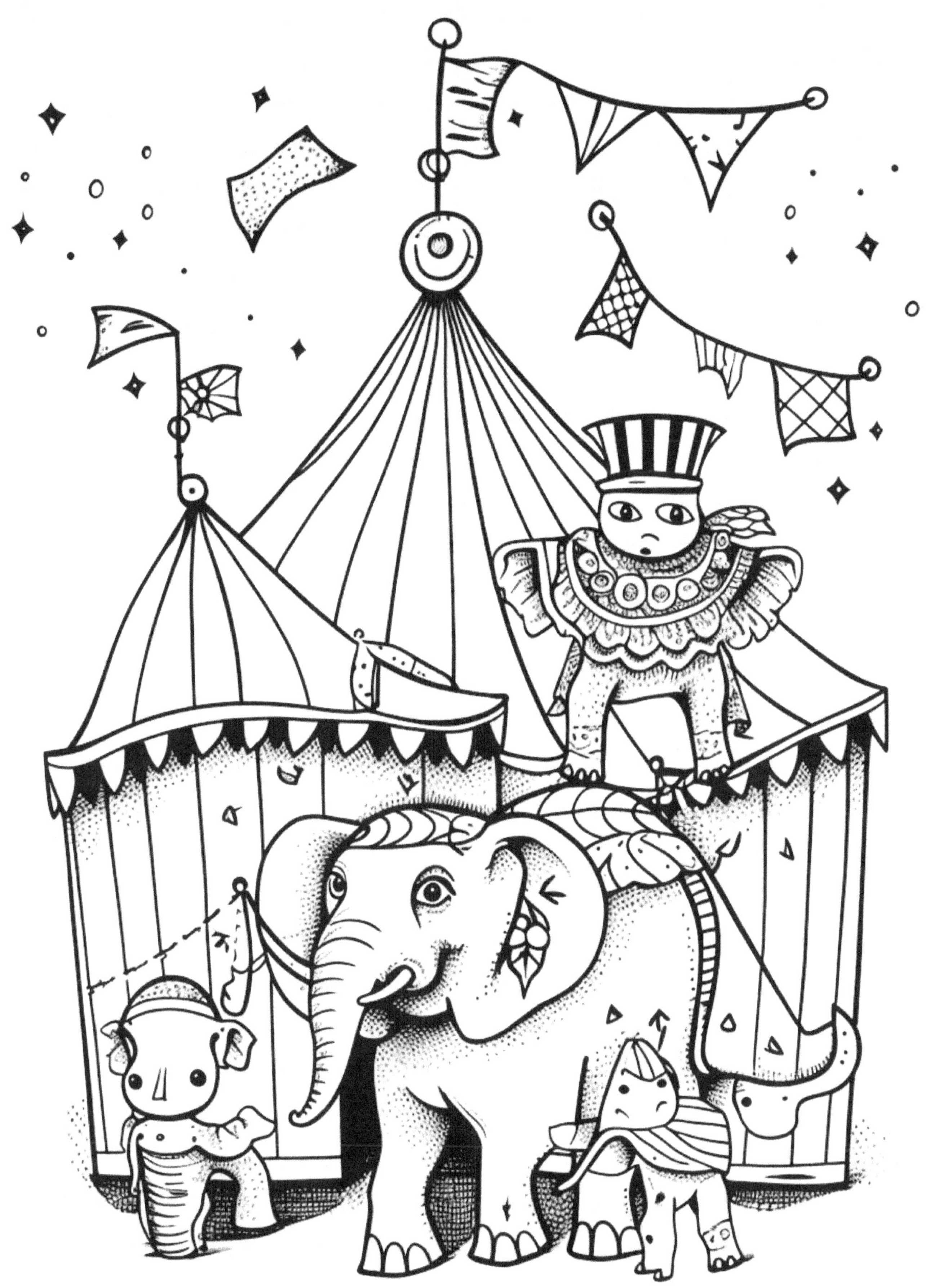

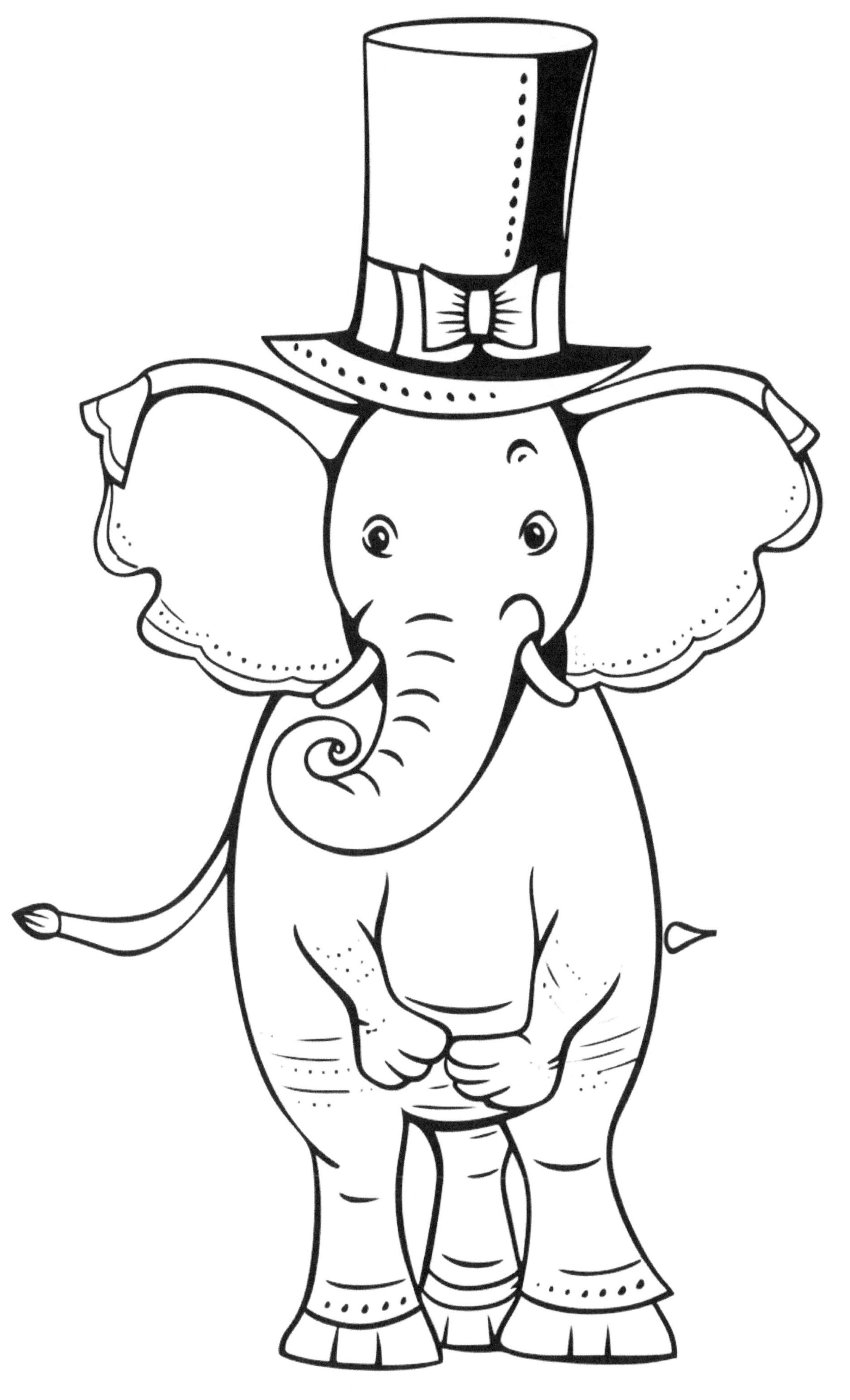

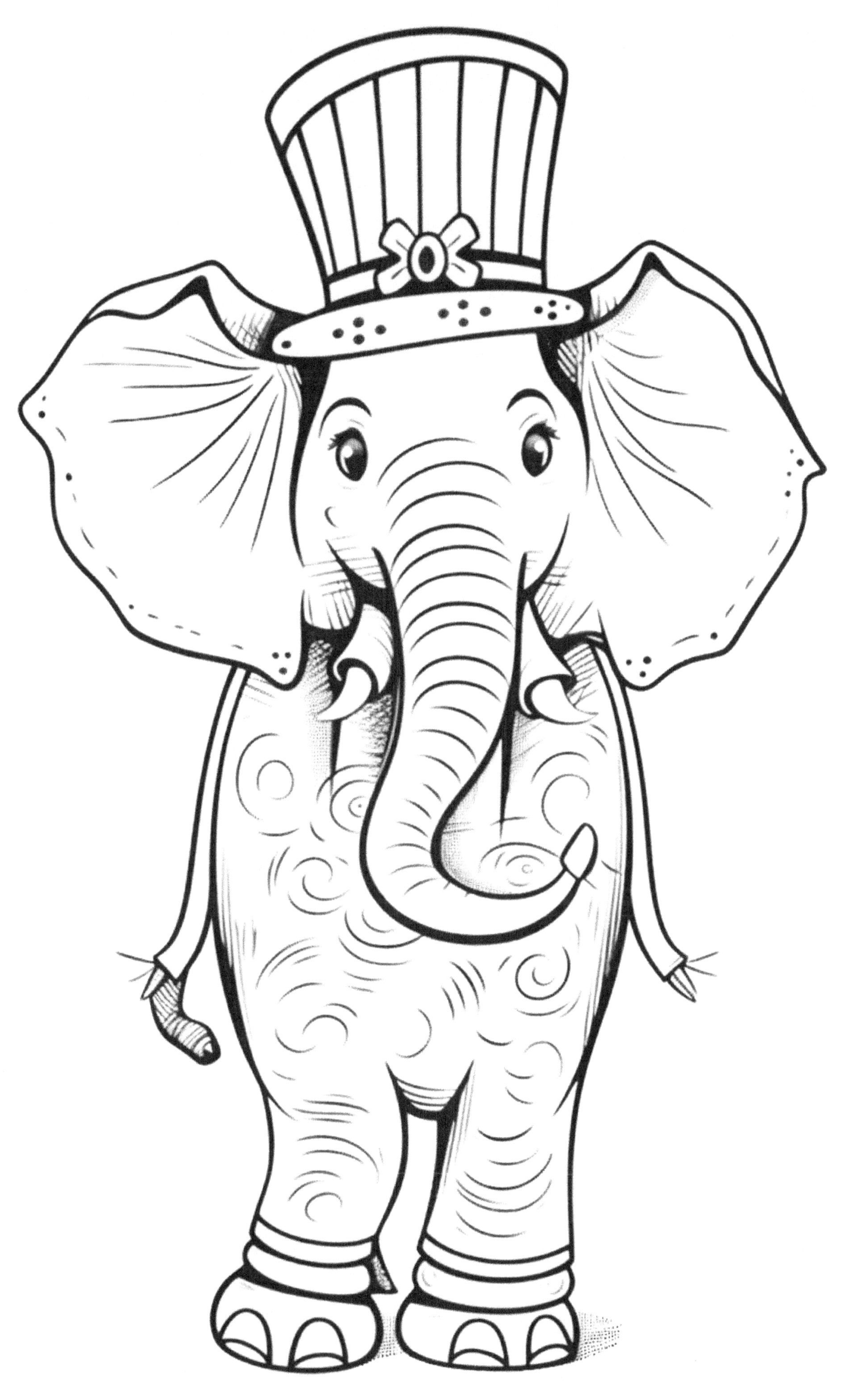

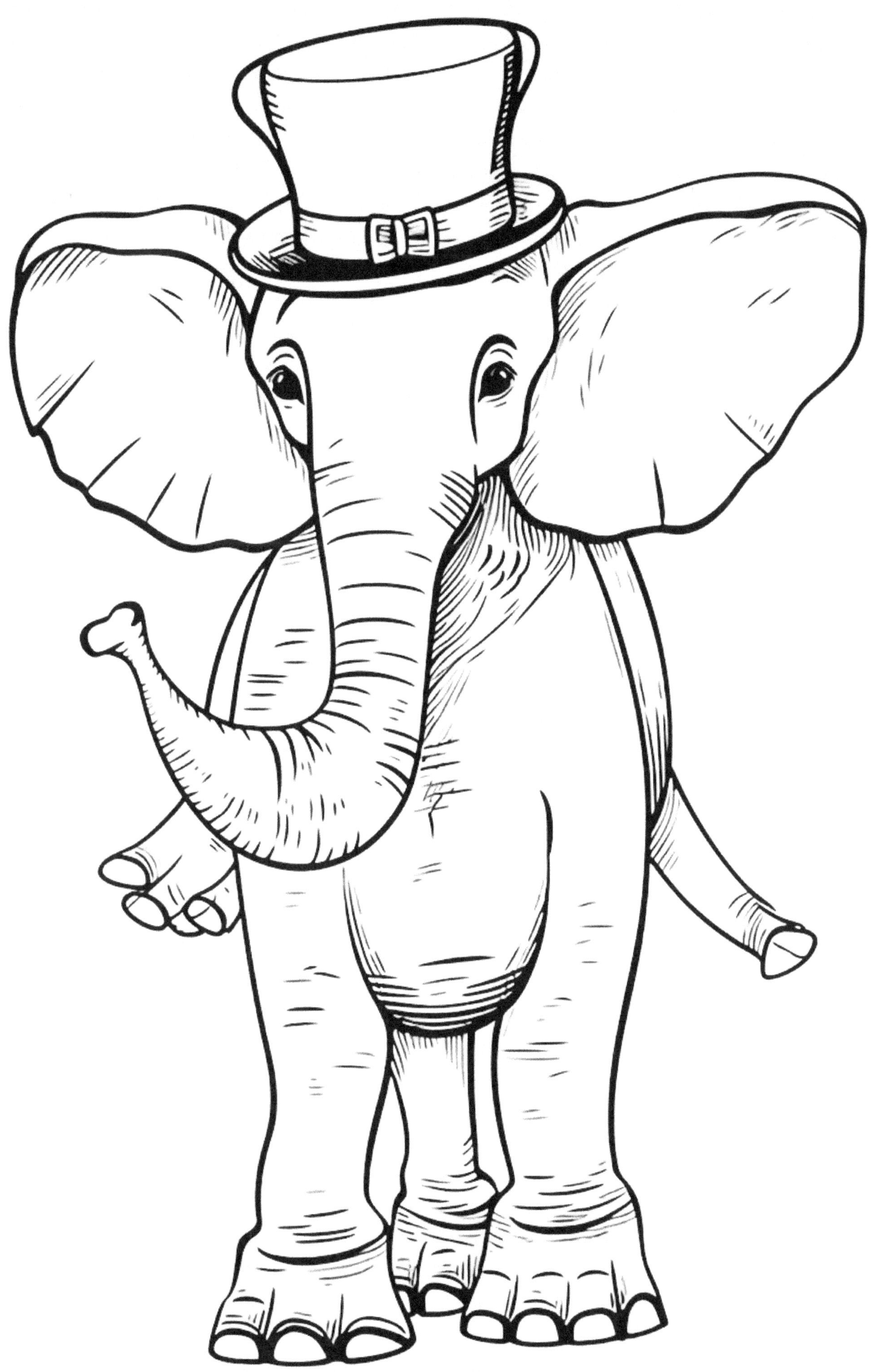

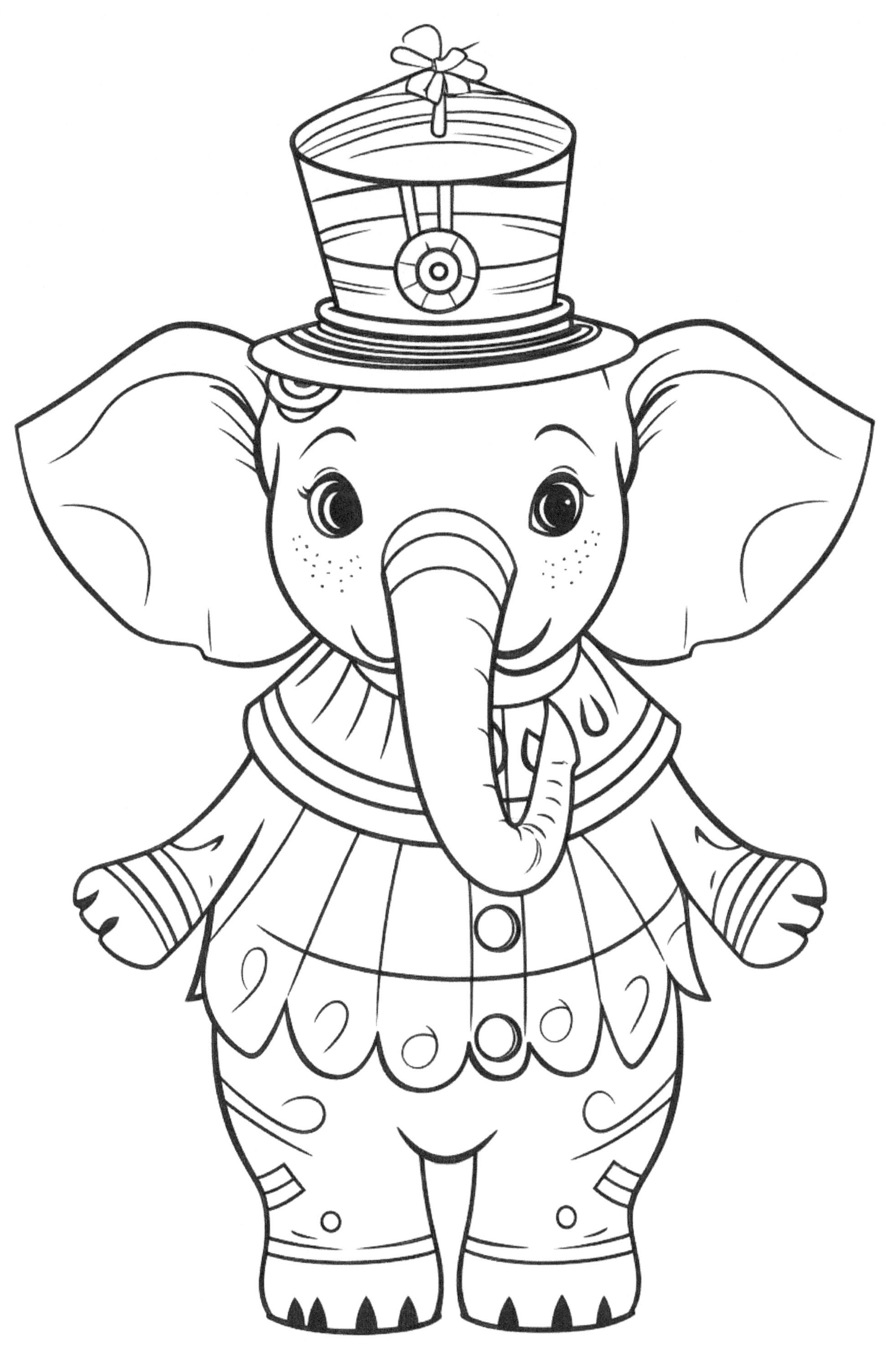

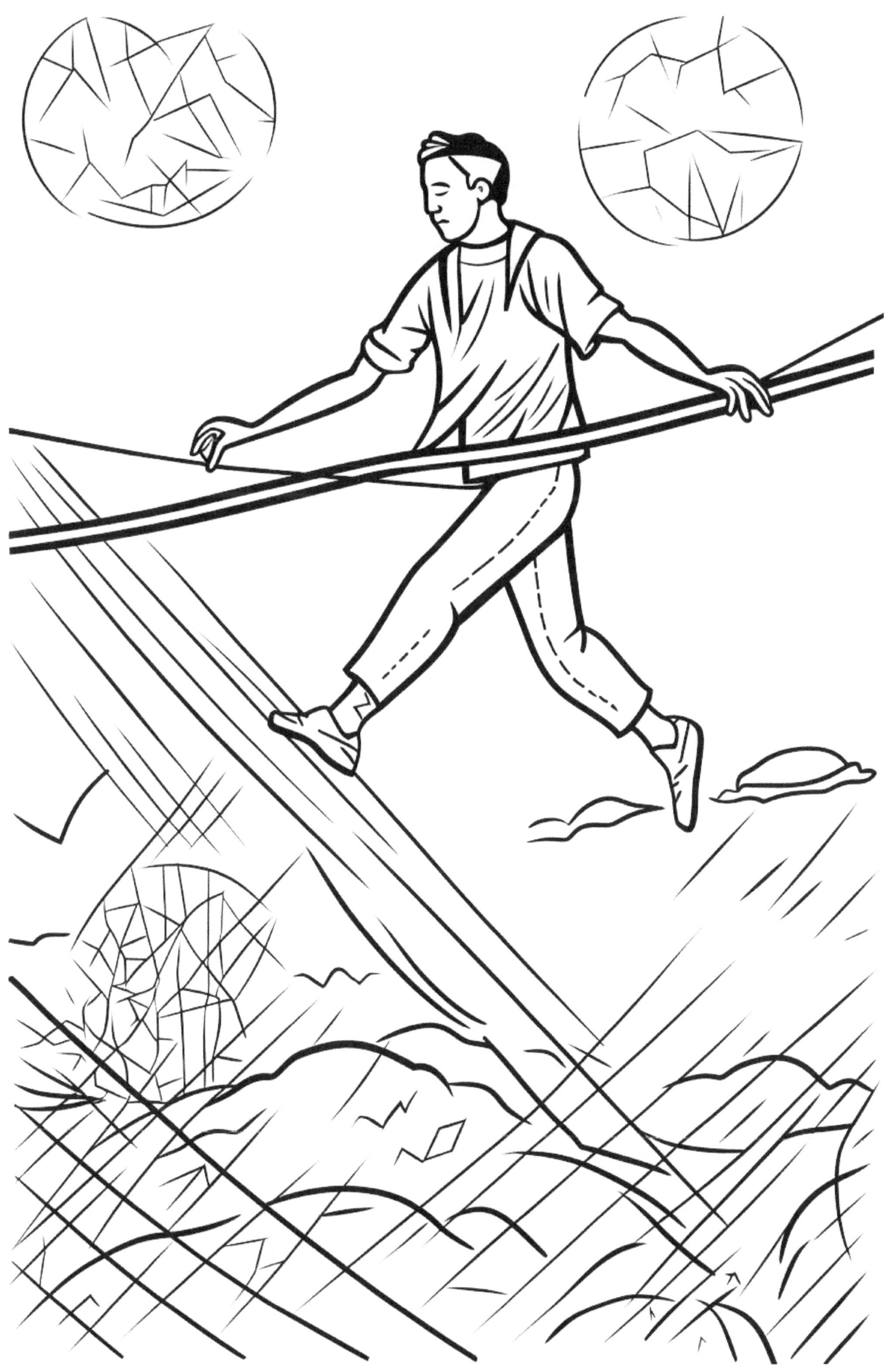

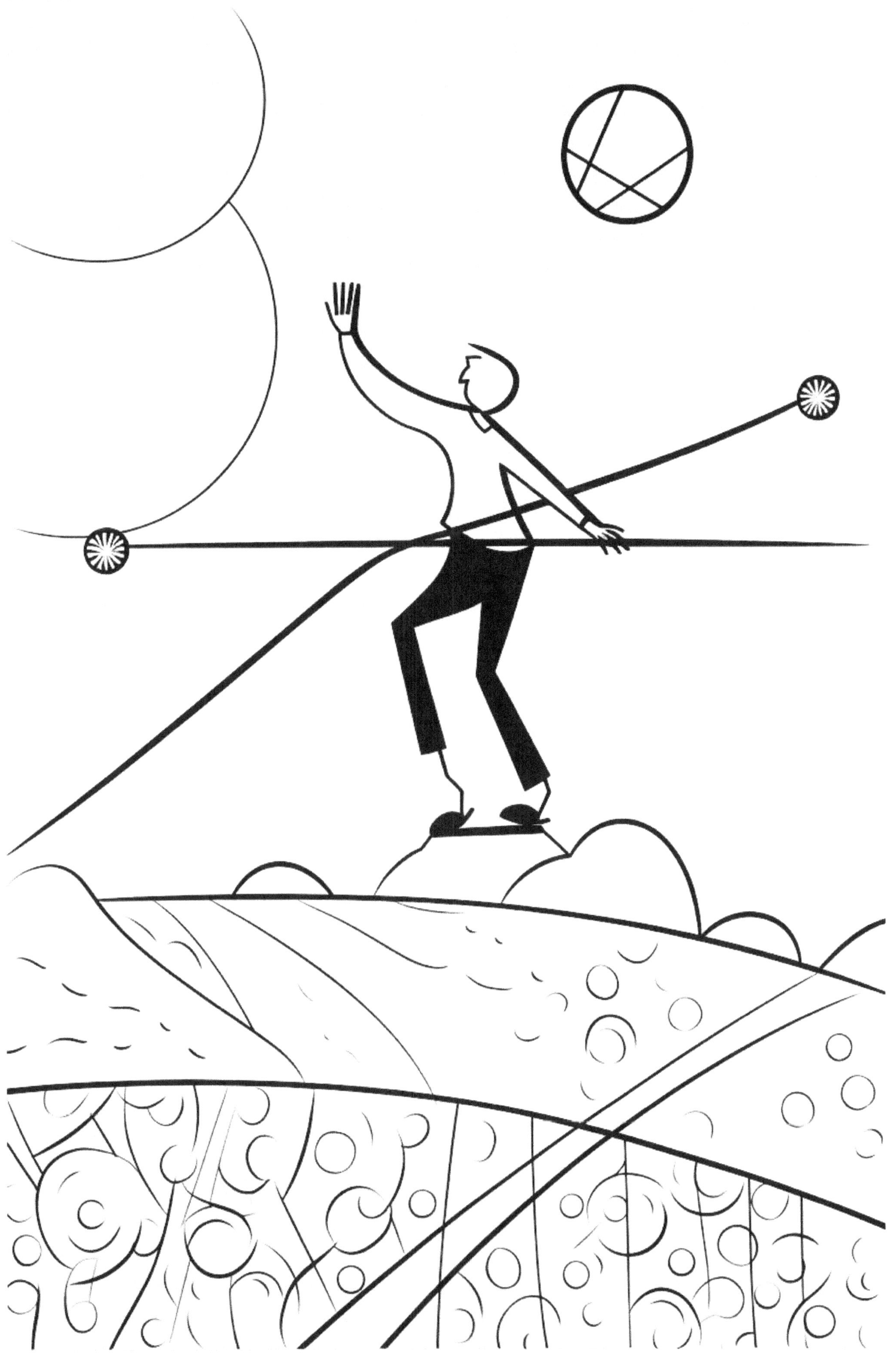

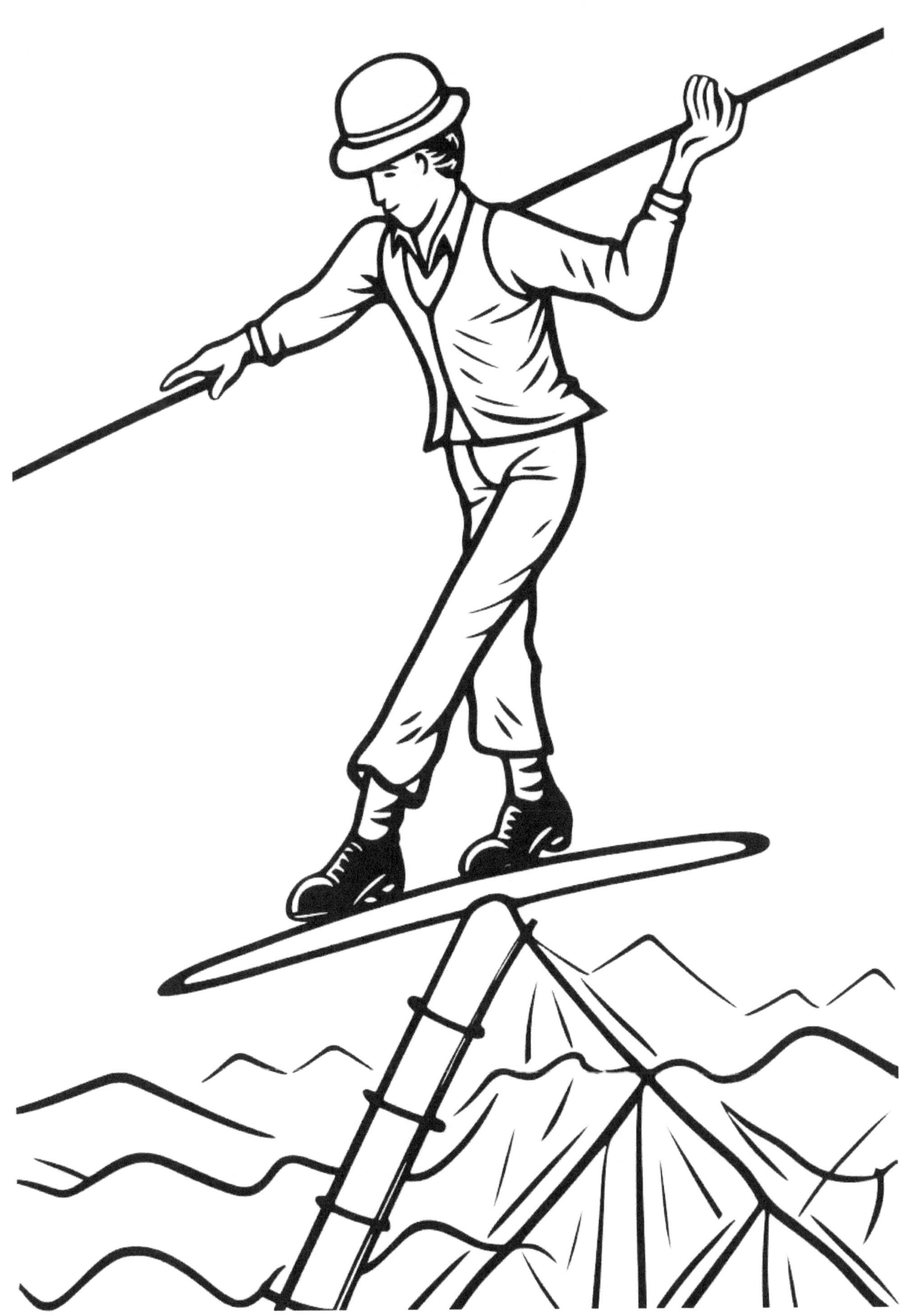

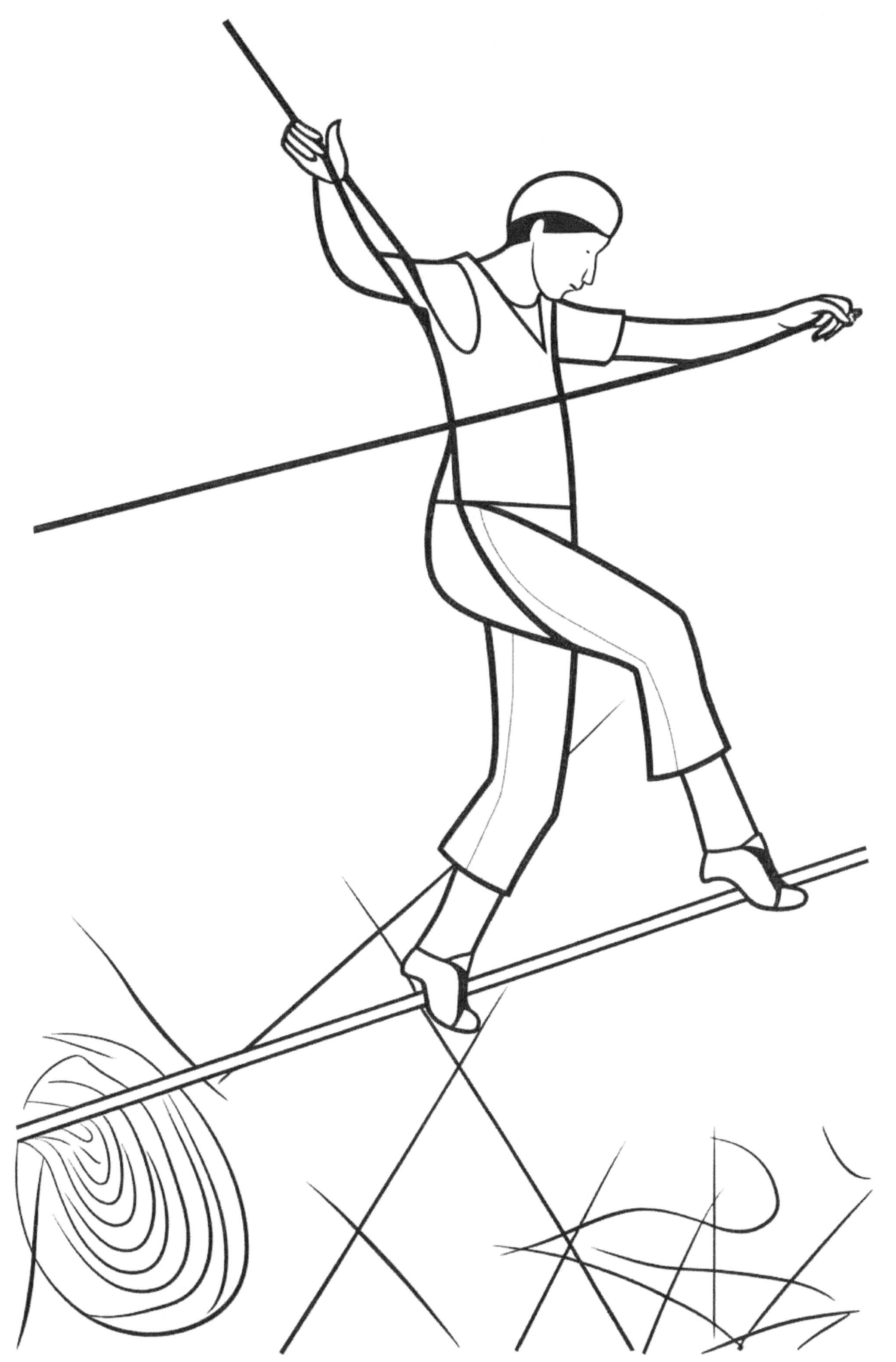

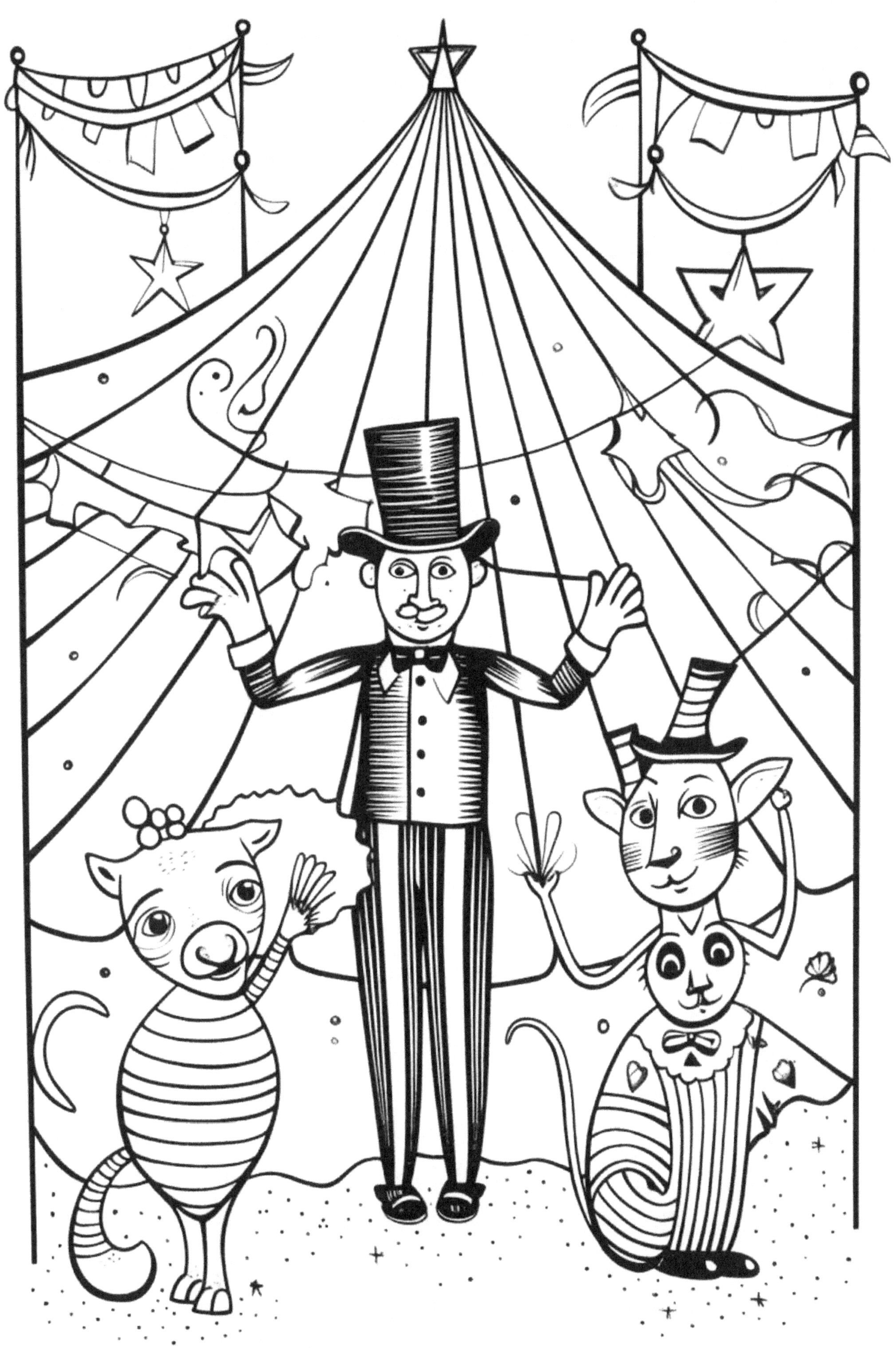

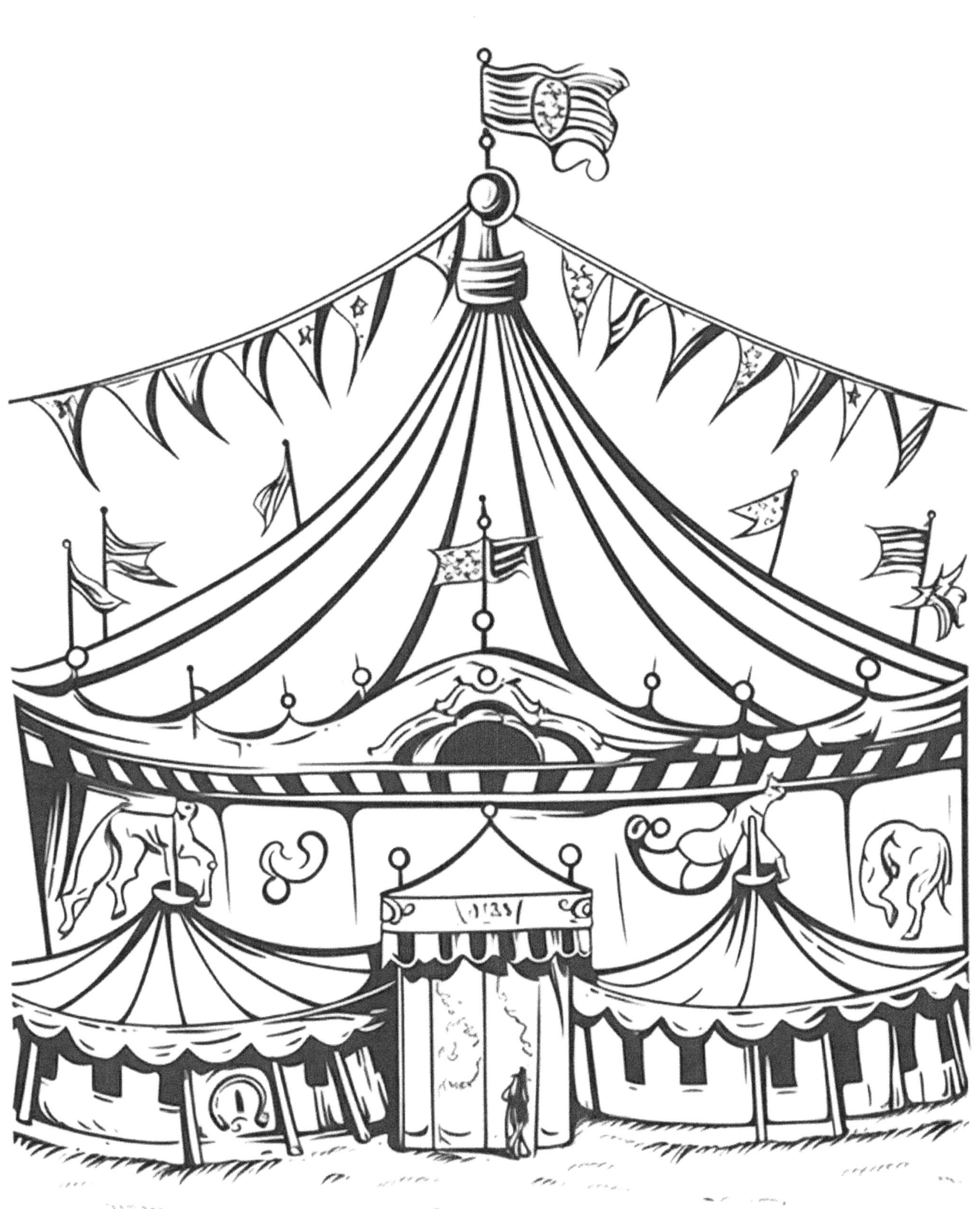

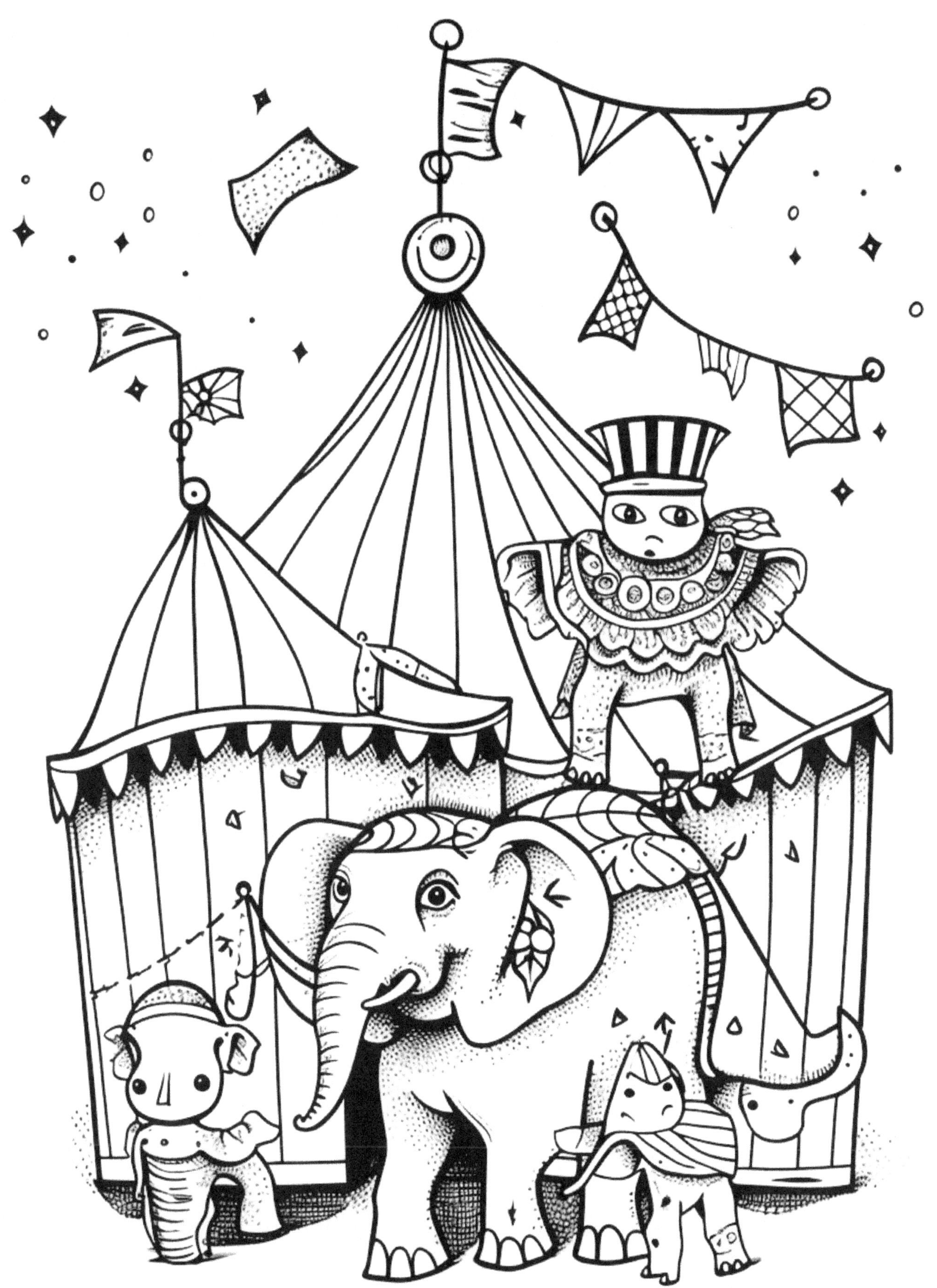

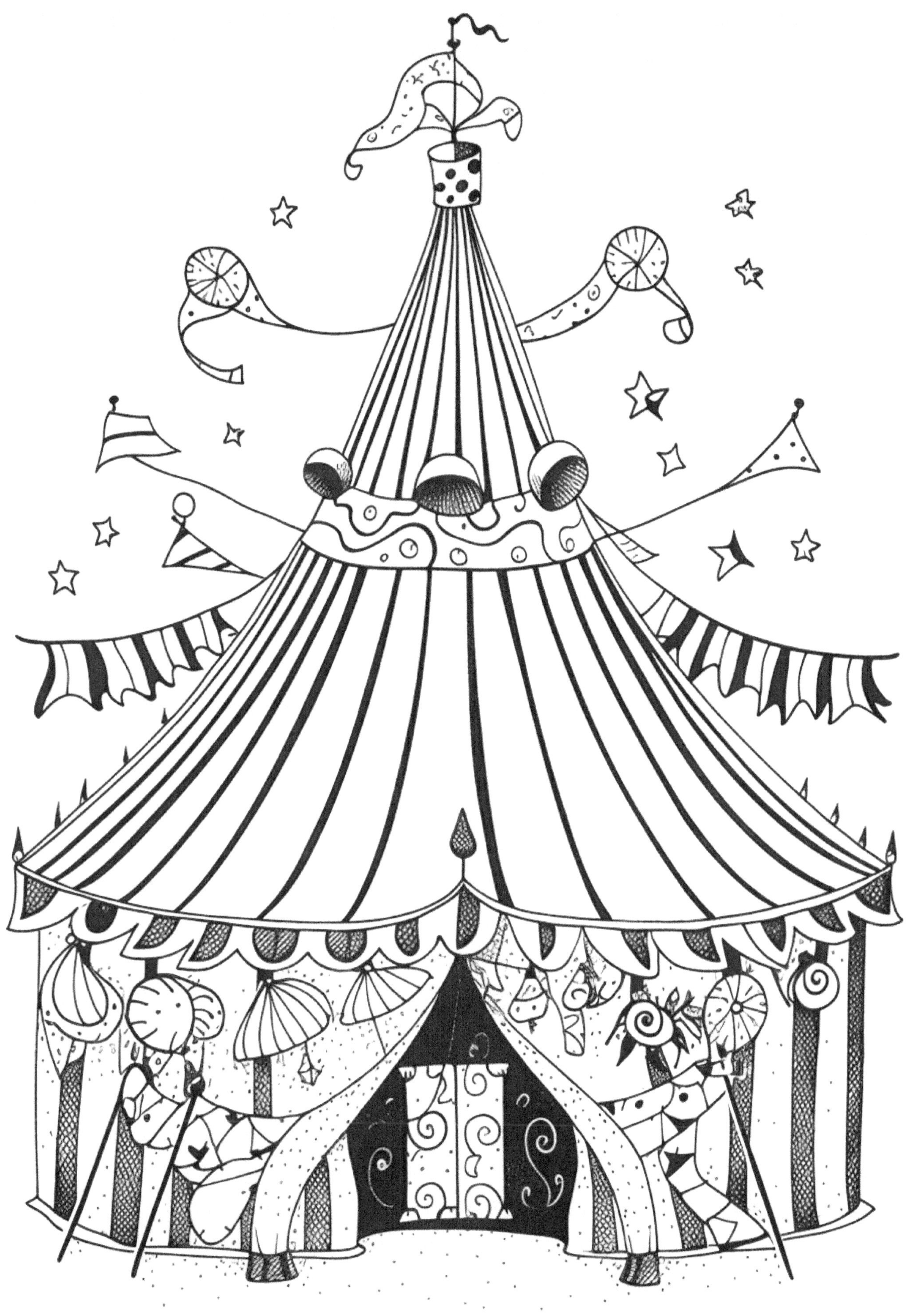

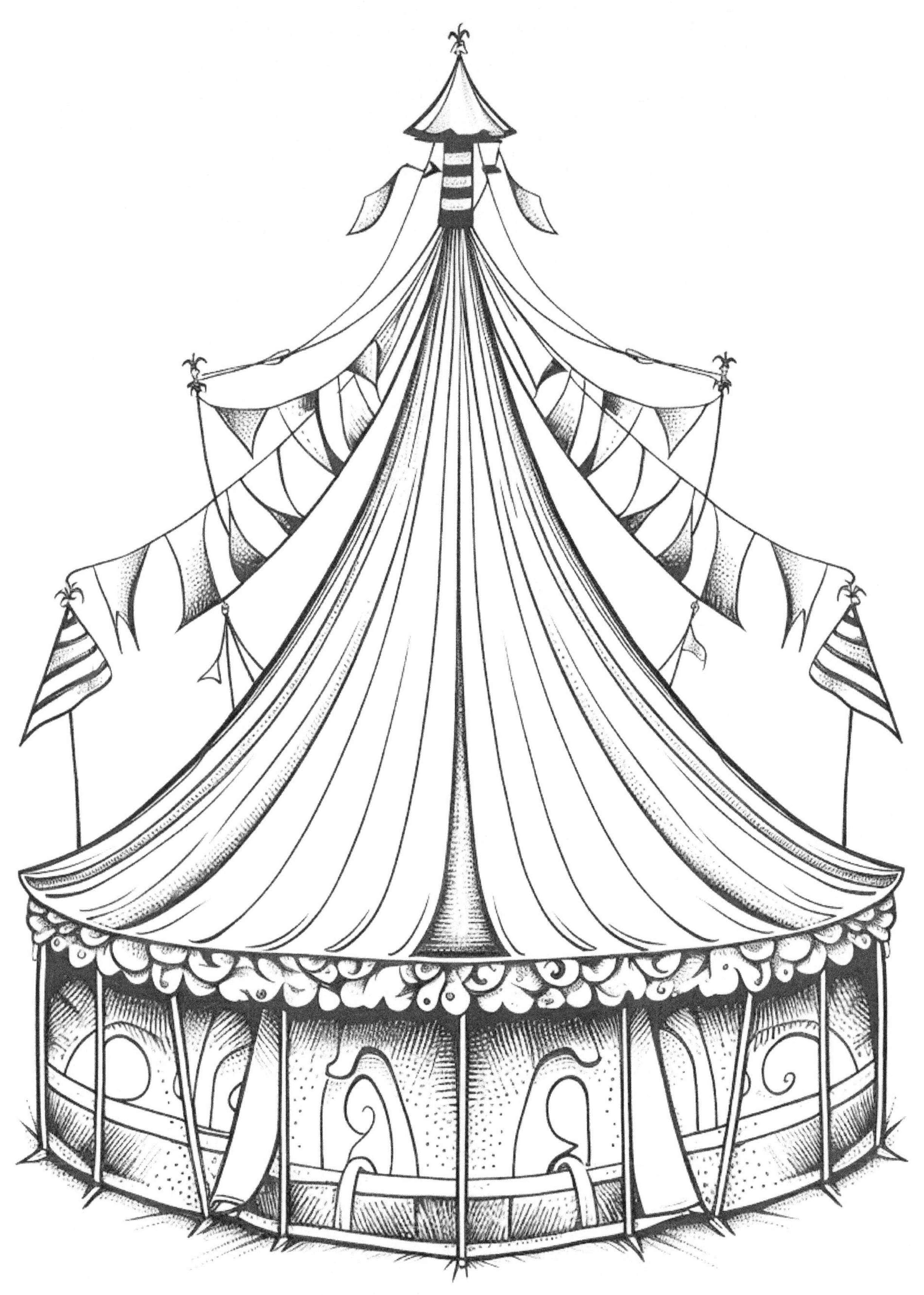